CB136707

SALVIO KOTTER
HENRIQUE PIZZOLATO

A VOZ DAS VÍTIMAS

~~LAWFARE~~ NUNCA MAIS

KOTTER EDITORIAL

Copyright © Sálvio Nienkötter, 2023.

Direitos reservados e protegidos pela lei 9.610 de 19.02.1998.
É proibida a reprodução total ou parcial sem autorização, por escrito, da editora.

Coordenação Editorial: Sálvio Nienkötter
Editor-Executivo: Clayson Felizola
Editor-adjunto: Daniel Osiecki
Capa: Jussara Salazar
Design editorial: Carlos Garcia Fernandes
Produção: Cristiane Nienkötter
Revisão e preparação de originais: O Autor

Dados Internacionais de Catalogação na Publicação (CIP)
Angelica Ilacqua CRB-8/7057

Kotter, Sálvio
Lawfare nunca mais - A voz das vítimas – Sálvio Kotter - Curitiba : Kotter Editorial, 2023.
176 p.

ISBN 978-65-5361-266-2

1. Política e governo - Brasil 2. Corrupção na política - Brasil
3. Julgamentos criminais – Brasil I. Título
CDD 364.13230981

22-3035

KOTTER EDITORIAL

Kotter Editorial Ltda.
Rua das Cerejeiras, 194
CEP: 82700-510 - Curitiba - PR
Tel. + 55(41) 3585-5161
www.kotter.com.br | contato@kotter.com.br

Feito o depósito legal
1ª Edição
2023

SALVIO KOTTER
HENRIQUE PIZZOLATO

A VOZ DAS VÍTIMAS

~~LAWFARE~~ NUNCA MAIS

Sumário

A voz das vítimas

JOSÉ GENOÍNO

Lawfare nunca mais - A voz das vítimas - Com José Genoíno

Transmitido ao vivo em 6 de junHO de 2023

www.youtube.com/watch?v=QYBx8FGRyC8

Durante a entrevista, Genoino comentou sobre a sua filiação ao Partido dos Trabalhadores (PT) desde a sua fundação e sobre a posição que ele e outros membros do partido ficaram após a condenação no caso do Mensalão. Ele mencionou que o tesoureiro do partido, Delúbio Soares, e José Dirceu, que era ministro, também foram condenados, o que atingiu o executivo, enquanto João Paulo, que era presidente da Câmara, foi condenado, atingindo o legislativo.

Genoino não quis comentar sobre o caso específico do companheiro Pizzolato, que também foi condenado no Mensalão, mas afirmou que todos os envolvidos foram vítimas, incluindo ele mesmo. Ele destacou que a narrativa do Mensalão, que envolvia a Visanet, era uma grande mentira e que um jornalista, Frank Martins, foi demitido da Globo em Brasília por questionar essa versão.

O ex-deputado também falou sobre a cronologia do processo do Mensalão, desde a denúncia oferecida ao Supremo Tribunal Federal em 2006 até a condenação em 2013. Ele acredita que tudo foi cronometrado e que o julgamento aconteceu em 2012, próximo às eleições municipais, por uma questão de conveniência política. Ele ressaltou que a denúncia ficou nas manchetes por anos e que a sua vida era um inferno durante as audiências e a quebra de sigilo.

Genoino destacou que a condenação no Mensalão foi uma forma de colocá-los como bodes expiatórios de um grande processo que começou em 2005. Ele comparou a sua condenação na Guerrilha do Araguaia, na época da ditadura, com a do Mensalão, onde a condenação já estava pronta antes mesmo da denúncia. Ele afirmou que a investigação mostrava que o dinheiro não era público e que não havia lavagem de dinheiro, mas essa informação foi ignorada pelos juízes e procuradores envolvidos.

Por fim, Genoino agradeceu pela oportunidade de participar da entrevista e destacou a importância de dar voz às vítimas. Ele reiterou que o trabalho do entrevistador era brilhante, necessário, democrático e justo.

Genuíno era uma figura quase santificada na política brasileira, o que talvez tenha sido mais um motivo para ele ter sido atacado.

Participar do resgate da memória é um dever nosso. Memória e verdade são subversivas, pois, ainda que os opressores as deturpem, os fatos do passado não podem ser mudados nem apagados. Por si, o passado insiste, ressoa, e a memória, revolucionária por restabelecer a verdade, transforma por sua própria natureza. Assim sendo, estou aqui disposto a contribuir para que esclareçamos tudo que for possível.

Preparamos 12 perguntas que serão repetidas a todos os participantes do projeto, a fim de dar maior unidade à iniciativa. Que isso não seja visto como uma amarra, mas apenas uma questão de organização. Você acredita que foi vítima de lawfare no caso do Mensalão? Se acredita, por que que você acha que foi caso de lawfare?

Sim, eu acredito. Fui condenado pelo que eu era, não pelo que eu fiz. Ao iniciar esse depoimento para o livro, gostaria de dizer que o lawfare esteve sempre presente na história do direito, apenas que agora se tornou uma teoria predominante.

Gostaria de trazer um pensamento que meu advogado extraiu do sermão que Padre Antônio Vieira proferiu em 14 de março de 1655, terceiro domingo de quaresma, na Capela Real de Lisboa: "Três dedos com uma pena na mão é o ofício mais arriscado que tem o governo humano. Quantos delitos são feitos com uma penada? Quantos merecimentos se apagam com uma risca? Quantas famas se escurecem com o borrão?" É claro que hoje, com o lawfare, dispõe-se de meios que não havia época, como a mídia hegemônica e as redes sociais. Por meio destes dispositivos, somados com os dispositivos tradicionais, o lawfare produz uma destruição completa. A guerra tradicional mata, a tortura mata, o pau-de-arara mata... o lawfare destrói. Destrói a reputação, destrói os valores da vítima, destrói as relações familiares, destrói as relações de amizade, destrói o convívio político, tenta destruir a militância e tenta criar um julgamento antes de julgar.

A questão central do lawfare é exatamente o julgamento sem julgamento. E eu fui vítima desse processo, primeiro porque nenhum documento foi encontrado que servisse de prova à acusação. Os dois empréstimos que eu assinei foram contabilizados pelo PT, e pagos! Segundo, nenhuma delação ou testemunha confirmou a acusação. O lawfare que eu sofri visava destruir minha imagem e reputação, me desumanizar. Na política, há a poesia e o sangue. Eu tinha experiência com a poesia na política, mas aí passei a conhecer o sangue.

O nome "Mensalão" foi uma criação do delator, o então presidente do PTB, como um escárnio, que foi convenientemente foi adotado pela mídia corporativa, pelo Ministério Público e pelo Superior Tribunal Federal. A denúncia foi feita em 2005, e visava evitar a reeleição do Lula em 2006. E essa denúncia envolveu exatas 40 pessoas, isso tão-somente para aludir à imagem de Ali Babá, que seria o Lula, o verdadeiro alvo do Mensalão. Aliás, o processo, cujas sentenças foram executadas em 2013, chegou até a Lava Jato, iniciada formalmente em 2014 (ainda que estivesse em gestação pelo menos a partir de 2004), e que em um carpado duplo prendeu o Lula em 2018, quando era franco favorito no pleito à presidência nas eleições daquele ano.

O julgamento do Mensalão foi um grande espetáculo, preparado e conduzido pelo então procurador-geral da República, e transmitido ao vivo pela mídia corporativa. O julgamento aconteceu em 2012, na véspera da eleição para as prefeituras de São Paulo, Curitiba, Porto Alegre e Rio de Janeiro. Nossa condenação ocorreu em 2013 e fui preso no dia 15 de novembro de 2013. É importante ressaltar que, atualmente, a pessoa condenada só é presa após o trânsito em julgado dos recursos, mas fomos presos antes dos recursos dos embargos, chamados embargos de declaração, e com tudo muito orquestrado.

As sessões do Supremo foram transmitidas ao vivo e em cores, com os cinco membros do Tribunal Federal e o Relator, sentado em cadeira especial para aliviar dor nas costas. Enquanto isso, os comentaristas da TV aberta elogiavam o que seria a condenação e a destruição do PT. Na época, eu era presidente do PT, Delúbio Soares era o tesoureiro, e isso bastava para pegarem o partido. José Dirceu era o chefe da Casa Civil, o que bastava para pegarem o Executivo. João Paulo Cunha era presidente da Câmara, o que bastava para pegarem o poder legislativo. Apenas esses quatro foram acusados de integrarem uma quadrilha, pois uma quadrilha só poderia existir com quatro membros.

Eu tentei me situar nesse processo lendo "O Processo" de Kafka, pois não sabia como havia entrado nele, quem me denunciou ou até onde isso iria. Estava cercado por um mundo - que não era virtual, naquela época as redes sociais não tinham a força que têm hoje - mas era o mundo midiático, e com uma Câmara dos Deputados inteiramente subserviente ao Supremo Tribunal Federal.

Muitos de nós não tínhamos prerrogativa de foro, como era o meu caso e o do Pizzolato, por exemplo, mas fomos todos julgados no super Supremo Tribunal Federal, o que nos impedia de termos melhor julgamento em alguma instância superior, como acontece naturalmente a quem não tem foro. Inclusive essa questão foi votada no Supremo Tribunal Federal. O fato é que nós fomos vítimas de um grande espetáculo de julgamento, eu me sentia em um circo Romano, em que a vítima ela é cercada por leões, no nosso caso pelo leão da coação, da violência pela narrativa, da condenação midiática.

Talvez a maneira mais objetiva de responder a esta primeira pergunta seja narrar um pesadelo que tive enquanto estava na Papuda. Era eu no pau-de-arara, situação que povoava minha memória de quando, no período da ditadura militar, fiquei 5 anos preso. Mas, ao lado do pau-de-arara do meu pesadelo quem me interrogava vestia uma capa preta. Meu subconsciente ligou, portanto, a tortura da ditadura militar com a capa preta de quem me condenou.

E eu fui condenado em dois processos. O processo do Banco Rural, em que eu fui condenado pelo Supremo Tribunal Federal, e um outro processo, do BMG, que fui condenado na primeira instância de Belo Horizonte.

Eles tinham dois processos em andamento em diferentes instâncias com o mesmo objetivo. Um desses processos foi um empréstimo do BMG que foi julgado na Primeira Instância de Minas Gerais. Esse empréstimo foi aceito pelo juiz em 20 minutos após a denúncia do Procurador, na véspera da minha diplomação como deputado federal em 2006. Naquela época, eu já havia sido eleito para o meu último mandato como deputado, numa eleição difícil. Na festa da minha diplomação, o juiz aceitou a denúncia do Procurador faltando 20 minutos para meia-noite, pois assim ela cairia no dia 17.

Como diplomado, eu não poderia tramitar na vara comum, teria que ser remetido para o Supremo Tribunal Federal. Recorri desse processo, mas o Supremo Tribunal Federal empatou, dando meio a meio, que seria pró-réu. Porém, no meu caso, por uma interpretação constitucional da ministra Ellen Gracie, que era presidente do Supremo

Tribunal Federal, votou duas vezes. Ela desempatou votando duas vezes. Estou fazendo esse apanhado para mostrar como me senti vítima e injustiçado pelo fato de ser condenado por ser presidente do PT, já que nada encontraram contra mim.

Quebraram meu sigilo bancário e não encontraram nenhum depósito, na minha declaração de renda não encontraram nada, não tinha uma testemunha que me reconhecesse. Um fato interessante é que só conheci a presidente do Banco Rural quando eu fui preso junto com ela.

O mensalão, em todos os seus detalhes. foi uma grande operação para destruir o PT, atacar o comando político do partido, e botar o governo Lula no seu primeiro mandato como refém e construir as condições para pegar o próprio Lula mais à frente.

Você já tangenciou um pouco esse ponto, mas houve algum momento específico, Genoino, que você percebeu que estava sendo vítima do lawfare, que aquele não seria um processo normal, e você falou de si pra si: Isso aqui vai ser uma inquisição?

Eu percebi, Pizzolato, já na própria denúncia, antes mesmo de o Supremo recebê-la. Para fazer a campanha, os candidatos tinham que abrir uma conta especial com o próprio CPF para movimentar separadamente os recursos e doações de campanha da conta pessoal. Quando fui candidato a governador em 2002, a Justiça Eleitoral havia mudado a orientação para que fosse utilizado um CNPJ e uma conta específica. Foi o que fiz na ocasião.

Quando meu sigilo bancário foi publicizado, o Estadão publicou uma manchete dizendo que meu CPF havia movimentado 530.000 reais sem explicação da origem. Então, peguei todos os documentos da Justiça Eleitoral e apresentei, juntamente com meu advogado, ao diretor do jornal, Dr. Júlio Mesquita. Ao ver os documentos, ele concordou que a matéria era mentirosa e preparou um pequeno reparo no jornal, mas alertou que se eu recorresse à justiça, iria até o Supremo. Ali já ficou claro para mim que aquilo era outra coisa.

Um segundo momento foi quando sofri um inquérito da Receita Federal, que abriu um procedimento contra mim. Vieram na minha casa, não encontraram nada. Mas ficou demorando aquele procedimento e aí fui lá e conversei com a funcionária da Receita. Ela me disse: "é que você não tem bem nenhum, não estamos acreditando nisso, por isso que estamos fazendo uma investigação detalhada.

Um terceiro momento foi quando a denúncia foi feita pelo Procurador Geral da República (que não vou citar o nome para não fazer mal ao meu ser) junto com os demais procuradores entrou com um processo por improbidade administrativa para cada um dos denunciados. Aquilo virou um pandemônio, porque era tanto papel, tanto xerox, tanta coisa que não tinha sentido... pois eu não era uma autoridade pública, e os empréstimos do PT eram absolutamente legais. e nós apresentamos eu recebi uma pela presidência do PT.

Mais tarde, eu já havia saído da presidência do Partido, e recebi uma cobrança do banco. Era uma cobrança judicial para pagar dois empréstimos legais, que constavam na contabilidade eleitoral do PT. Expliquei isso para o Berzoine, que havia assumido meu lugar, e o PT pagou os dois empréstimos. Isso foi feito para evitar que minha conta bancária ficasse bloqueada. Há dois anos, recebi um oficial de justiça em minha casa pedindo para autorizar a vara cível de Belo Horizonte a devolver parte do dinheiro para o PT que, por algum erro de cálculo, havia pagado a mais. que como o PT havia pagado judicialmente, o valor foi calculado pela justiça, mas a contabilidade do banco concluiu que pagou mais, e aí o juiz devolveu parte do dinheiro. Para isso pediu minha autorização, isso depois do meu processo transitado, eu condenado, por aquilo tratar-se de falsidade ideológica.

Então foi assim, eu ia percebendo ao juntar as coisas. Para mim, a coisa mais ilustrativa foi quando a denúncia foi recebida pelo Supremo Tribunal Federal. Aquele recebimento, com aquela cena toda, cobertura por gravações, um jornal um Jornalista um fotógrafo de uma de uma determinada emissora divulgando as mensagens trocadas entre um ministro e uma ministra... me tudo aquilo me obrigava a concluir: Isso é uma grande montagem. Portanto, antes da condenação, por estes fatos que acabo de narrar, eu já tava percebendo que se tratava de uma grande armação política.

Pensei, é, eu tô sendo julgado pelo que eu sou, e não pelo que eu fiz. Então vamos ter de enfrentar politicamente. Percebi que estava havendo uma ofensiva muito grande contra o PT, e o PT não entendeu aquele processo violento contra ele, achou que ia virar a página, mas a página não virou, porque veio a principal operação que foi a Lava Jato. Na verdade, o mensalão foi o laboratório em que se introduziu o direito penal do inimigo e o domínio do fato, foi o processo em que se introduziu condenar com base na literatura, se introduziu o conceito de condenar sem provas e se introduziu o conceito de Justiça especial, porque nós tínhamos direito à justiça natural, mas não fomos julgados na justiça natural, nós fomos julgados diretamente pelo Supremo Tribunal Federal.

Ali o Supremo Tribunal balizou, projetou aquela nova política para o sistema de Justiça no Brasil, a Lava Jato foi uma decorrência, uma radicalização, uma exasperação, foi a superação daquilo que havia nascido no Mensalão.

Processei tudo isso psicologicamente, internamente, na alma, conversando com uma grande amiga terapeuta que fez várias sessões de terapia comigo e me mostrou que eu estava no auge, e aquele auge estava sendo desmontado por uma operação política. Ela dizia para mim "eu não sei como é que seu corpo vai resistir, porque há uma contradição entre a sua alma e o seu corpo. Você só deve voltar a fazer política se você renunciar a todos os adereços: o paletó, a gravata, a Tribuna... todos os enfeites da política". E foi isso que aconteceu. Ela disse me alertou que com a tensão que estava vivendo, uma atenção psicológica muito intensa, que me impedia de dormir direito e me sobrecarregava o pouco somo com pesadelos, eu estava exposto a uma crise, que acabou acontecendo em 2013, quando eu recebi a notícia da minha prisão. Eu estava num lugar aqui em São Paulo com a minha família e naquela semana a maioria do PT decidiu que os condenados do Mensalão não entrariam na chapa do encontro nacional.

Aquilo gerou um cruzamento entre o sistema nervoso e a aorta sanguínea, e eu tive um aneurisma da aorta e fui para o hospital com 10% de chance de sobreviver.Fiz uma cirurgia delicada e fiquei me recuperando até que tive a alta hospitalar, mas não tive a alta médica. Quando ordenaram a minha prisão, juntamente com outros companheiros, no dia 15 de novembro de 2013, dia da República, eu solicitei ao hospital uma declaração de que eu tinha alta hospitalar, mas não alta médica.

Essa declaração não veio e eu fui levado para Brasília e lá em Brasília eu fiquei correndo risco, porque devido ao aneurisma eu coloquei uma prótese uma aorta e eu não podia ingerir vitamina k e por isso o médico da papuda me levou no IML, por sugestão de uma funcionária da secretaria penitenciária, que eu não conheço, e que por sinal é enteada do Gilmar Mendes. Ela orientou que o médico me levasse para o IML e exigisse um laudo, e esse laudo fosse mostrado ao relator do processo, para que ele assinasse a minha condução para a Papuda.

Ele não assinou eu fiquei três meses em prisão domiciliar. Aí que ele decidiu que eu tinha que ir para a Papuda, e colocou uma junta médica de 15 em 15 dias me examinava. Na véspera do Primeiro de Maio, a junta médica disse que eu podia ir para a Papuda, desde que eu tivesse dieta. Aí eu voltei para a Papuda no dia primeiro de maio, dois dias antes do meu aniversário. Essa é a crônica de um processo de coação, de um processo violento. Eu sempre disse, na ditadura a tortura começou no corpo e chegou na alma, no lawfare a tortura começa na alma e chega no corpo.

Pizzolato: *Isso me faz lembrar de uma frase que eu costumo repetir muitas vezes: anjos existem. A enteada de Gilmar Mendes pediu que o médico te levasse para o IML. Mas explica para a gente, com esse método tão didático com que você está conduzindo a conversa, como o lawfare é usado como estratégia política?*

Primeiro tem que ter alvo, um inimigo, o conceito de inimigo é essencial no lawfare. Segundo, tem que ter os instrumentos para o esculacho, o instrumento de alvejar o alvo, e esse instrumento é a simbologia, o nome do processo, que era mensalão depois veio Petrolão. A Lava Jato foi o Petrolão. Depois vêm os formadores de opinião, os comentaristas. Tem alguns comentaristas e algumas comentaristas de televisão que ainda hoje eu me sinto mal ao vê-los e ao vê-las, porque eram pessoas com as quais eu tinha uma intimidade muito grande e, de uma hora para outra eu me vi sendo julgado por elas e por eles.

Como disse, eu percebi que o lawfare é guerra, mas uma guerra que destrói, não mata. A guerra convencional é que mata. O lawfare, além de destruir a reputação, as relações familiares, as relações pessoais... destrói as carreiras políticas. Eu tinha uma carreira política de sucesso, me elegia sem dificuldade... na medida em que virei presidente do PT, e o PT foi alvejado por uma violência desmedida, eu tinha que ser alvejado também. Um Jornalista falou para mim: olha até agora você era fonte, agora você é alvo. Se prepare!

O lawfare atua como um processo, uma operação. Na guerra, há um conflito entre forças adversas. No lawfare, há uma operação com várias ações em uma única operação, uma espécie de força-tarefa em que quem denuncia interroga, quem interroga denuncia e quem denuncia julga. Portanto, são unificadas todas as instâncias do sistema de justiça. É mais ou menos o que acontecia no DOI-CODI. Era assim: quem prendia interrogava, quem interrogava julgava. Havia até conselhos de auditorias militares.

Portanto, essa questão é muito importante, e eu estou insistindo nisso porque as pessoas precisam perceber como o lawfare dentro do sistema de justiça nega a própria natureza do processo judiciário. O judiciário é um poder contra majoritário, não julga de acordo com a maré ou a opinião pública, e é, por essência, garantista. Aqui no Brasil, criou-se a ideia de juiz garantista e juiz não garantista, também chamado de juiz punitivista. Mas a natureza do Judiciário é garantir os direitos fundamentais e o devido processo legal, incluindo o direito de defesa e a presunção da inocência. Tudo isso é negado no lawfare. Por quê? Porque o objetivo central é aquele que diz que os fins justificam os meios. O que importa é focar em um fim avaliado como válido, e qualquer meio pode ser usado. Esses fatos estão vindo à tona, tanto no Mensalão quanto na Lava Jato. Quando um ministro do Supremo diz que condenou um inocente, sabendo que ele era inocente, mas precisava condenar para poder participar da dosimetria da pena, está justamente dizendo que os fins justificam os meios.

Portanto, esta questão é muito importante e insisto nisso porque as pessoas precisam perceber como o lawfare dentro do sistema de justiça nega a própria natureza do processo judiciário. O judiciário é um poder contra majoritário, não julga de acordo com a maré ou a opinião pública e é, por essência, garantista.

Aqui no Brasil, criou-se a ideia de juiz garantista e juiz não garantista, também chamado de juiz punitivista. Mas a natureza do Judiciário é garantir os direitos fundamentais e o devido processo legal, incluindo o direito de defesa e a presunção de inocência. Tudo isso é negado no lawfare. Por quê? Porque o objetivo central é alcançado por meio do princípio de que os fins justificam os meios. O que importa é focar em um fim avaliado como válido, e qualquer meio pode ser usado. Esses fatos vieram à tona, tanto no Mensalão quanto na Lava Jato. Quando um ministro do Supremo diz que condenou um inocente, sabendo que ele era inocente, mas precisava condenar para poder participar da dosimetria da pena, está justamente dizendo que os fins justificam os meios.

O lawfare transforma a vítima em culpada, a vítima é forçada a se conscientizar de que ela é culpada. Quando eu me apresentei na Polícia Federal e eu levantei o punho, num gesto de rebeldia, o relator (insisto em não citar seu nome) disse para um advogado que eu tinha praticado um ato de desobediência, porque a tese do lawfare é que decisão da justiça você aceita, baixa a cabeça e cumpre. Este estado de coisas acaba gerando reação, por exemplo, quando você chega na cadeia tem um ritual, você não pode botar as mãos para trás. Isso acontecia na época da ditadura, e acontece agora, com o lawfare.

Não se pode perder de vista que tudo no lawfare depende de o judiciário agir combinado com a mídia, como frisa o Pizzolato. Tanto que eu vou dar aqui um depoimento pessoal pra ele. Sabe, quando eu saí da cadeia da ditadura, em 77, fui dar aulas em cursinho pré-vestibular, e aí eu andava na rua aqui em São Paulo. Quando eu via um carro de polícia eu me assustava. Quando eu saí da prisão da Papuda e vim para São Paulo, ao ver um carro de uma rede TV ou de rádio eu me assustava do mesmo jeito.

De que maneira acredita que o lawfare afetou o desfecho do mensalão?

O Mensalão foi uma fabricação, a nossa condenação era inevitável, do início ao fim tinha que haver a condenação, cantada na véspera da eleição de 2012. E a nossa prisão se deu um ano antes da reeleição da Dilma. Estava tudo concatenado. O desfecho estava decido em linhas gerais desde antes do começo. Como me lembra o Pizzolato, citando a Hildegard Angel, chamaram Mensalão um grande mentirão.

Na sua visão, como o lawfare é usado como uma estratégia política?

O sistema capitalista mundial, sob a hegemonia dos americanos, articulou três tipos de guerra. A primeira foi a guerra contra as drogas, cujo objetivo era encher as prisões de jovens negros e pobres por causa do consumo de drogas, misturando o consumo com o tráfico. Isso se espalhou pelo mundo todo, até que a DEA (Drug Enforcement Administration), que era a divisão antidrogas dos Estados Unidos, quebrou a soberania de outros países.

A segunda grande guerra ocorreu por causa do terrorismo, depois do atentado às torres gêmeas. Já a terceira guerra foi contra a corrupção, que precedeu o que aconteceu ao redor de 2013, nas manifestações em todo o mundo para desestabilizar governos progressistas.

Há uma tese do principal teórico do lawfare que diz o seguinte: é necessário atacar aquele valor que legitima um partido, um governo ou uma força política. O que legitimava muito o governo de Lula e o PT era o combate à corrupção, a moralidade e a ética na política. E eles atingiram esse coração para derrubar e interromper aquele projeto, assim como aconteceu em outros países.

Como o lawfare atingiu desde a sua carreira política até a sua vida pessoal?

A minha carreira política foi interrompida pelo lawfare. Eu fui candidato a Governador para fazer a campanha do Lula em 2002, eu fui presidente do PT, e eu tinha uma ascensão política relativamente programada. Em 2006 eu poderia ser candidato a Governador, a Senador, ou voltar a ser deputado federal. Deputado federal voltei a ser, mas com uma votação insignificante se comparada com as anteriores. Portanto, a minha carreira política foi interrompida, e essa interrupção aconteceu quando começou a ser tramitado na Câmara o processo para cassação do meu mandato. Eu renunciei ao mandato, porque eu não aceitava a autoridade daquela maioria parlamentar para me tirar o mandato.

E nesse ponto é interessante observar que como eu tive cardiopatia grave, eu tive um aneurisma da aorta, pela legislação eu deveria que ter aposentadoria complementar integral, mas o parecer da junta médica do Supremo Tribunal Federal disse que a minha cardiopatia me permita sobreviver, desde que eu cumprisse dieta e tomasse medicamentos. E a Câmara dos Deputados aceitou este parecer. Então até a aposentadoria integral foi negada, eu tenho uma aposentadoria complementar. Tem um médico do serviço médico da Câmara, e eu guardo isso até hoje, que deu um voto em separado, dizendo que pela idade, como ex-fumante e com uma prótese na aorta, eu corria risco de vida. Tenho esse parecer de um médico do serviço médico da Câmara, diferente do parecer da junta médica, nomeada pelo Supremo Tribunal Federal, particularmente pelo relator.

Portanto, minha vida pessoal foi afetada. Quando você é condenado pelo que é, não pelo que faz, tenta encontrar explicações e não as encontra... Li mais de uma vez o livro "O Processo", de Kafka, para tentar entender. De repente, me senti em um emaranhado de coerção, de narrativa, de provocação. Não encontrava começo, meio ou fim. Você fica sitiado, transformado em uma figura pequena tendo que enfrentar a montanha que é o estado.

No início dos anos setenta, já preso, identificaram meu nome. Aquilo para mim foi como um prédio de 10 andares caindo na minha cabeça. Fui condenado pelo Supremo e senti como se um prédio de 15 andares caísse na minha cabeça.

Na nossa cabeceira, tínhamos dois livros: "O Processo" e "O Caso Dreyfus". O Caso Dreyfus conta a história de um oficial francês que, no final do século XIX, sofreu uma espécie de lawfare contra um homem só. "O Processo" narra uma ficção, mas uma ficção com realismo, que parecia mais com a nossa realidade do que qualquer outro fato real. "O Processo" é um livro que não tem começo, meio ou fim. Ali, tudo faz da vítima uma vítima culpada e a vítima se sente culpada por ser vítima. É uma loucura.

Qual seria a sua sugestão para evitar que o lawfare seja usado contra políticos do Futuro?

Primeiro é preciso fazer uma avaliação, um debate sobre tudo que ocorreu nesse período histórico que começa, nunca esqueça disso, quando no nosso governo foi criada a Enccla - Estratégia Nacional de Combate à Corrupção e à Lavagem de Dinheiro, na qual Procuradores policiais Federais e Juízes federais de primeira instância criaram as varas especiais para investigar o crime do colarinho branco. É necessário que essa Ideia de um poder que se afirma pelo poder, sobre o qual não há controle, não há fiscalização... tem que se avaliado. Portanto, avaliar tudo isso, levantar-se tudo isso, discutir tudo isso é a primeira tarefa.

A segunda tarefa é uma profunda reforma no sistema de justiça, porque o lavajatismo não morreu, está hibernando, e é necessário fazer uma espécie de purgação. É bom deixar claro, o Supremo iniciou essa teoria do domínio do fato, o uso do espetáculo midiático e, durante os primeiros anos da Lava Jato ela emulou essa ideia o Supremo Tribunal Federal. Temos que construir um poder o judiciário contra majoritário, que não surfe na onda da opinião pública, que nas mais das vezes é tão-somente uma opinião publicada, uma opinião fabricada sob medida para determinados interesses. Então, valores como devido processo legal, presunção da inocência, direito e defesa, individualização das penas, proibição de o juiz opinar fora dos autos... tudo isso precisa ser extirpado. O juiz opina nos autos. Ter um juiz de garantia é outra medida importante para evitar que surjam varas como a décima-terceira de Curitiba, e a sétima no Rio de Janeiro. Acho que é necessário também os tribunais superiores terem ministros com mandatos periódicos de 10 ou de 12 anos.

Acho ainda que a esquerda tem que se libertar da visão de idolatrar a autoridade, a esquerda teve o vício de caçar um general legalista. Durante um certo tempo nós caçamos um juiz punidor, como se a mudança do mundo dependesse de um par de algemas, de um código penal e de uma chave da penitenciária. A mudança da sociedade é na luta política, na luta de classes, no confronto de ideias, é com reformas econômicas sociais e políticas, e não com Salvador da Pátria. Os salvadores da pátria se tornam facilmente grandes hipócritas e fariseus.

E como é que você vê isso o impacto de todo esse lawfare na democracia do Brasil?

Em primeiro lugar nós temos uma democracia com marcas oligárquicas, com marcas autoritárias. Eu acho que o Super Poder que o Procurador Geral da república tem de ser revisto. Acho que a emenda constitucional

41, que criou um corporativismo no controle externo do sistema de Justiça tem que ser modificado. O papel jurisdicional é intocável, mas o governo da magistratura tem que passar por fiscalização e controle. Acho também é preciso criar mecanismos que evitem que carreiras como a de procurador, de Juiz, ou de delegado, que são as carreiras que dão uma maior segurança salarial, estabilidade e prestígio, para que essas carreiras se transformem em superiores a política. E é preciso combater a criminalização da política, combater a substituição da política pelo sistema de Justiça ou pela tutela militar. Tudo isso pode aplacar, quiçá impedir, novos rombos na nossa Democracia.

O estrago é muito grande, e ele vem desde a transição. Nós tivemos uma transição política da ditadura para democracia que não fez as reformas institucionais profundas nem na no papel dos militares, nem no sistema de Justiça. É bom deixar claro, na Constituinte nós não extinguimos a justiça militar, nós queríamos o tribunal constitucional e perdemos, nós queríamos o juiz garantista desde a primeira instância, perdemos tudo isso. Isso porque o poder judiciário tem sido um poder intocável, e ele tem que ser muito reformado. Como a constituinte não mexeu nisso, o passado ficou hibernando nos governos da Nova República e nos governos do PT. Nós não enfrentamos um debate de reformas institucionais que envolvesse também uma reforma no sistema eleitoral e partidário. Veja-se o sistema de eleição para Deputado, em que o eleitor vale mais do que para votar em Presidente da República. Olha o orçamento secreto, olha as emendas impositivas, olha a força do presidente da Câmara... portanto, as instituições estão em crise, e nós temos que fazer uma reforma dessas instituições. Por isso que eu advogo que não agora, mas no processo de luta, nós tenhamos que desembocar em um novo pacto constitucional.

O Mensalão está mais que caracterizado como o início do grande processo de lawfare. Mas teve a Lava Jato, a Operação Zelotes, a Operação Calvário... como você vê esse multiplicar de operações, essa proliferação de operações, elas compõem também o lawfare?

Sim, são expressões do lawfare. Olha bem, os próprios nomes "Operação" e "Força Tarefa" são tirados do conceito de guerra. Guerra é que tem operação. Guerra é que tem Força Tarefa. Quando você traz esses conceitos para dentro do sistema de Justiça, você tem que ter um comandante e uma cadeia de auxiliares. Por isso que em Curitiba tinha uma equipe toda com os Procuradores de com juízes, por isso que no Mensalão tinha uma equipe toda trabalhando no Supremo, por isso que as outras operações não eram de um juiz ou de um procurador, mas sim de um combinado de várias instâncias do sistema de Justiça. Eu acho que isso tem que ser alterado, porque traz para justiça o conceito de Guerra, o conceito de destruição, a ideia de alvo, de inimigo. Isso é uma coisa do Direito Penal americano. Há um livro que se chama "O direito penal do inimigo". O direito penal do inimigo é o direito penal que transforma a pessoa em um inimigo a ser destruído, e não recuperado, mudado, ressocializado. Por que que as cadeias brasileiras estão cheias de inimigos?

Esses conceitos precisam ser debatidos profundamente, e esse debate nós não fizemos quando governamos. Eu acho que uma parte da esquerda teve muita ilusão com o sistema de justiça, tanto que foi no nosso governo que aprovamos a Lei da ficha limpa, que é um equívoco, que eu voltei contra; delação premiada, organização criminosa, e a lei antiterror.

Como é que você entende que o povo brasileiro está compreendendo essa questão do lawfare. Ele só sente as consequências, ou já começa a decifrar que isso não acontece por acaso, que tem alguma coisa organizada por trás?

É necessário a gente entender o sentimento popular. Primeiro que o sistema de Justiça cria perante o cidadão uma estética do medo, por meio da toga preta. Segundo, o senso comum diz: não discuta, decisão judicial compre-se. E quando a gente discute eles acham que é um desaforo. Há uma ilusão de que tudo se conserta na justiça, e não é verdade isso. Então eu acho que nós temos que fazer um movimento de conscientização, de politização, de esclarecimento porque as pessoas se iludem achando que o juiz tem a resposta para tudo. Basta denunciar, basta a causa, você judicializa tudo. E como nós vivemos uma época que tudo parece judicializado: relações de família, relações de propriedade, relações comerciais, relações de Vizinhança... tudo vira um problema de

Justiça. Então essa supervalorização acaba criando uma passividade do povo. O povo quer um Salvador.

Durante quanto tempo a gente não sonhava com o general legalista? Quanto tempo a gente não pronunciou aquela frase famosa da Alemanha: finalmente temos juiz da Alemanha, quando o juiz discordou do tribunal nazista. Necessitamos uma discussão profunda sobre o esclarecimento da natureza do poder judiciário, ele é legitimador da ordem econômica social e política reinantes

Quantas são as decisões do sistema de justiça que contrariam o capital, que contrariam os bancos, que contrariam as relações sociais de propriedade? Você conta nos dedos, isso se encontrar alguma. Nós temos que compreender isso melhor, e eu fui compreender melhor isso quando fui vítima de um processo que eu não sabia como começou nem como nem quando terminaria.

Além do teu próprio caso, quais casos que você considera mais explícitos, mais deletérios, que você tenha acompanhado no país?

Eu acompanhei todos os outros casos do Mensalão, e todos os companheiros denunciados foram vítimas de lawfare. O caso de lawfare que eu acompanhei mais detalhadamente foi o processo, o caso do Lula, que é um exemplo máximo de lawfare, eu acompanhei várias outras operações que eram exemplos de lawfare. Aliás, o primeiro lawfare foi aquela experiência no Maranhão, contra Roseana Sarney, quando ela subia nas pesquisas para a presidência da República e fizeram uma operação da Polícia Federal contra ela e pegaram dinheiro na empresa do marido dela. A fotografia do dinheiro "vazou" e estampou as capas dos grandes jornais do dia seguinte, aí ela caiu nas pesquisas.

Eu nunca gostei dessa vinculação da polícia com a política, essa ideia de a gente vibrar quando o adversário tá em desgraça. Não é bom, a madeira que bate em Chico, bate em Francisco, nós temos que cultivar valores que valem também para os adversários.

Eu não quero para os meus adversários o que fizeram comigo, porque a gente sofreu muito com a família, com os amigos… a minha filha escreveu um livro relatando em cartas como é que foi a sensação dela de me visitar na Papuda. E ela escreveu outro livro "Felicidade fechada", que relata como foi a briga dela para pagar a multa que me deram. Esse negócio de multa eles só estabeleceram no nosso caso, eu fui o primeiro a ser condenado a multa, mais de 600 mil reais. Eles diziam, não, essa multa aí quem vai pagar é o PT, quem vai pagar é o dinheiro da corrupção... era o que se divulgava na mídia, inclusive com vozes da Justiça.

E é bom deixar claro, a vítima do lawfare não é só o condenado, a família sofre junto, e os amigos também. Há aqueles que viram a cara, aqueles que mudam a calçada, aqueles que não querem garantir que a sua biografia será preservada... não é fácil. Por isso eu digo àqueles que torcem porque um inimigo está em desgraça, não é bom fazer isso, eu faço um alerta: todo cuidado é pouco, vamos examinar, vamos ver as provas, vamos ver o processo, vamos ver tudo direitinho para a gente não cair no oba oba.

O que fez com que você mudasse a visão sobre a justiça no Brasil?

Eu vivi duas experiências fortes na minha vida. Eu vivi a experiência da resistência heroica da ditadura, e vivi a experiência do Parlamento. Eu fiquei 26 anos no Parlamento, e durante 10 anos eu fui um dos 10 deputados mais influentes, e era reeleito com tranquilidade.

Essa experiência me ensinou uma coisa: se você não incorpora o povo na política, se o povo não se conscientiza, não se organiza, não luta... se as nossas causas não viram causas populares, Bandeiras, mudanças, ou se essas mudanças não são profundas, radicais...

Eu me convenci de que sou anticapitalista. O capitalismo não me cabe, o sistema capitalista não me cabe. Fui aprendendo com a vida, lendo, estudando... baseado nisso, fiz uma escolha e estou militando na base, dando aula, fazendo cursos, lendo e escrevendo. Alguns livros que participei estão para ser publicados. Estou dando minha contribuição porque a reflexão que faço é baseada na vida, na experiência vivida. Conheci a política da poesia e do sangue, os dois lados da política. Fui à glória e vivi o sangue da política. Nessas experiências, sempre encontro um fio condutor para buscar o sentido da humanidade, o sentido de uma sociedade feliz, livre, sem explorados, sem preconceitos, sem discriminação, sem machismo, sem racismo, com respeito aos povos originários e com direitos básicos para que as pessoas tenham uma vida feliz.

Se eu luto, é por esse objetivo. Durante a gravação que servirá de base para outro livro que será publicado pela Kotter e pela Letra Selvagem, a editora do Nicodemos Sena, eu até falei para o Sálvio e o Nicodemos. Meu pai era um lavrador que faleceu aos 96 anos, e eu sou o filho mais velho. Alguns dos meus irmãos moram na roça e também são lavradores. Minha mãe tem 98 anos e ainda mora na mesma casa em que nasci. Então, o Nicodemos me questionou sobre quatro coisas: como deixei a roça para ser doutor, como deixei a faculdade pela política, como voltei para a roça para fazer guerra, e como retornei à política para me tornar um deputado famoso?

Bem, de fato, mas é preciso considerar que eu fui expulso da faculdade. e que voltei para a roça foi para fazer a guerrilha. Então, depois de uma prisão de cinco anos e muita tortura, tornei-me um deputado famoso de São Paulo, sem jamais ficar rico. Em seguida, fui fundamental na campanha de Lula em 2002. Depois, na presidência, Lula estava realizando uma verdadeira revolução no Nordeste, enquanto nós estávamos passando pelo que estávamos passando, eu e outros valorosos companheiros. O destino de nossas vidas está vinculado às causas. Cada utopia que construímos é um caminho que não termina.

Estou construindo a cada dia, a cada momento, e almejando mais mudanças, mais utopia e mais felicidade. É assim que me considero um militante de causas, sonhos e ideais. Para mim, essas experiências são muito fortes. Passar pelo que passei não me trouxe arrependimento, ódio ou revanche. Tenho memória, sim, mas é um processo de aprendizado como sujeito das transformações para ter uma sociedade verdadeiramente democrática, igualitária, solidária e, por que não dizer, socialista.

O que que você comentaria de duas frases que a gente ouve sempre: Eu acredito na justiça brasileira. A justiça tarda, mas não falha?

Olha, Pizzolato, eu não profiro essas frases, porque não vejo mais aquela Deusa Minerva com uma venda nos olhos. Para mim, aquilo não existe. E a justiça tarda sim, e como! Se eu tivesse morrido do aneurisma da aorta, de que adiantaria o ministro do Supremo dizer que eu era inocente? O conceito de Justiça tem que ser amplo. Não é um sistema que vai decretar se você é inocente ou não. É a sua militância, a sua vida e a sua consciência, é o seu dever-ser que vai afirmar isso. Você não pode depender do julgamento de outro para saber se é inocente ou não. Agora, quando o outro, que tem a tarefa de te julgar, reconhece isso, é um alívio, mas gera também uma espécie de revolta.

Assim como seus companheiros, você sofreu na pele o lawfare, lamentavelmente. Mas, apesar de terem sofrido objetivamente, até que ponto vocês foram o objeto do lawfare? Em outras palavras, quem é o verdadeiro alvo do lawfare: você, o partido, as instituições, ou, ao fim e ao cabo o lawfare é um instrumento para espoliar um povo?

O "lawfare" é um meio utilizado para manter o povo subjugado, alienado e privado de seus direitos, garantindo uma ordem opressiva e coercitiva. É uma ferramenta usada para atingir aqueles que lutam contra a ordem estabelecida, sejam eles partidos políticos, movimentos sociais ou indivíduos que buscam desafiar o status quo e construir um mundo mais justo, igualitário e solidário. O "lawfare" é uma estratégia política e jurídica que busca legitimar e consagrar o sistema capitalista como o único viável e o destino da humanidade. Para aqueles que não aceitam esses preceitos, ele impõe humilhação, preconceito, condenações e derrota.

O lawfare busca criar uma visão autoritária e coercitiva de que é uma verdade imposta, de que é uma narrativa impositiva. Cabe a nós nos rebelarmos contra isso, pois essa visão significa uma sociedade do medo, apavorada, que não ri, que não canta, que não se alegra. Significa uma sociedade que não enxerga o outro no vizinho, no trabalho, no bairro, na cidade. Significa uma sociedade que perde o sentido humano de que é proibido proibir. O lawfare cria a cultura do preconceito, do ódio e do medo. A cultura do medo do medo, que é a pior coisa que existe.

Respondendo diretamente à pergunta, sim, isso é público. O povo é a maior vítima do lawfare, já que, em última análise, o sistema capitalista investe nesta poderosa ferramenta visando lucro, aumentando a mordida e o tamanho do grande naco que a burguesia já absorve da riqueza gerada pelo povo, que é, por definição, trabalhador.

Na sua opinião, como está o reconhecimento dessa reaalidade por parte do povo no Brasil hoje? Temos o esforço fantástico da Rede Lawfare Nunca Mais, que busca trabalhar essa conscientização, até porque, além da complexidade do tema, a palavra "lawfare" é estrangeira e isso acaba dificultando a conscientização das camadas mais populares, que tiveram menos oportunidades para estudar línguas, por exemplo. Como você imagina que está a conscientização do povo hoje? Até onde o povo entende que o lawfare existe e que é vítima dele?

Estamos removendo o véu que encobre esse porão. Ainda estamos descobrindo, revelando, coletando e colhendo informações, a fim de promover reformas institucionais mais profundas no próprio sistema de justiça, no funcionamento das instituições políticas, no funcionamento do poder executivo e, principalmente, nas relações que afetam a vida do povo no cotidiano, desde o micro ao macro, do hoje ao futuro. Estamos ainda no início de um movimento de resgate, afirmação, reconhecimento, reparação e, ao mesmo tempo, de afirmação.

É importante deixar claro que não se trata da vida pessoal de ninguém. Estamos lutando por causas, objetivos, valores e pelo tipo de sociedade em que queremos viver. Não se trata de uma reivindicação pessoal deste que fala com vocês, nem do Pizzolato, nem de outros injustiçados. O problema não é pessoal, é uma questão política de estado, de poder, de relação dos poderes e de sociedade. Portanto, o companheiro Pizzolato tem razão quando diz que eles querem é impedir um projeto político, querem impedir que os excluídos, que os abandonados, participem desse projeto que é de exclusão, e de matriz egoísta.

Que conselho você daria hoje para políticos, ou outros companheiros e companheiras que estão sendo vítimas do lawfare?

Primeiramente, é preciso resistir. Em segundo lugar, não baixar a cabeça. Em terceiro, fazer críticas no momento certo e criar um processo coletivo. Acredito que isso seja fundamental, pois no capitalismo o ser humano individualmente não vale nada. Eu só acredito em projetos coletivos, projetos das multidões e das classes trabalhadoras.

Neste momento, é necessário unir todos os movimentos das mulheres, dos negros, da comunidade LGBTQIA+ e dos povos originários da nova classe trabalhadora, aquela que transporta comida sem poder comê-la. Devemos juntar o povo brasileiro e criar ideias de emancipação econômica, cultural, social e política em todos os sentidos. Acredito que vale a pena lutar por ideais. Sinto que a razão da minha vida lutar por isso. Quando o ser humano se sente derrotado e culpado, ele se destrói. Portanto, é preciso criar um movimento de solidariedade.

Como Gabriel Garcia Marques afirmou, a solidariedade é radical, pois se trata de dar a mão a quem está no chão. A solidariedade entre iguais não solidariedade, é cortesia, é civilidade. Entretanto, dar a mão para aqueles que estão passando fome, vivendo na rua, sentindo frio, morrendo, sendo injustiçados e violentados, é um valor fundamental da sociedade humana. É importante lembrar o que Pizzolato ouviu de um diretor de prisão, comentando sua situação: "a dignidade e a humanidade de um povo são medidas pela forma como ele trata os mais vulneráveis". Também é válido lembrar a frase de Che Guevara: "quando você é insensível diante da opressão e da exploração, você acaba sendo indiretamente conivente com esse sistema, e você perde sua condição de humano quando não se revolta contra a opressão, a humilhação e o preconceito".

Você acredita que a sua experiência com o lawfare mudou sua visão sobre a justiça brasileira?

Eu nasci em uma família camponesa como filho mais velho. Testemunhei muita injustiça no Nordeste durante as secas. Trabalhei com meu pai e vi como essas injustiças eram praticadas e enfrentadas. Desde então, vivi os dilemas de lutar por justiça, liberdade e igualdade. Iniciei minha militância em 1964 na JAC da Igreja Católica e continuei lutando até hoje. Para mim, a essência da vida é lutar por causas e objetivos maiores, e isso é algo que vivenciei muito. Nunca caí na armadilha de idolatrar a justiça ou ter ilusões sobre ela, pois minha experiência de vida me ensinou a conviver com a fome, a perseguição e a sofrer várias prisões após o golpe de 64. Então a gente a gente se curtiu um pouco com essas experiências.

Que conselho você daria aos políticos que ainda vão enfrentar o lawfare que você enfrentou?

Primeiro, não deve aceitar a judicialização nem a criminalização da política. A política se resolve no debate de ideias, na mobilização popular, no confronto de posições e projetos. Não é com a chave da penitenciária, não é com o código penal, não é com um par de algemas que se resolvem os grandes problemas da sociedade humana.

Fique sempre de olho, fiscalize com astúcia e cobre. Não siga a primeira onda, nem na primeira narrativa, especialmente as pregadas pela TV corporativa aberta ou pelas rádios e jornais da grande mídia. Como diz o Gramsci, grande mídia aberta e corporativa é o partido da ordem capitalista, que defende os valores da exploração. Não se iluda com isso. Agora, principalmente, precisamos lutar para fazer mudanças profundas na institucionalidade do país. E quando eu falo em mudança na institucionalidade, não é só no judiciário, é mudar o sistema político eleitoral e partidário, é mudar o sistema de funcionamento do congresso nacional, é introduzir mecanismos de democracia participativa direta, semidireta e deliberativa, e criar uma cidadania ativa que não dure somente durante a eleição, mas que seja permanente. E ouvir os movimentos, ouvir os bairros, as comunidades, os sindicatos, a intelectualidade, tudo. O Brasil não pode ficar calado, nem aceitar uma nova tragédia como foi o golpe de 2016 e o Inominável. Finalmente, saímos da tragédia, mas ainda temos muito pela frente, principalmente para realizar um programa de reconstrução e transformação do país.

Você falou das três guerras. Você acha que a Quarta Guerra seria a guerra ambiental?

Eu acredito, Vivianne Moreira, que a Quarta Guerra pode ser uma guerra ambiental e a Guerra do Vírus. Na verdade, já vivemos a Guerra do Vírus com a pandemia da Covid-19. No Brasil, a doença matou 700 mil pessoas, em grande parte por causa da inação do governo. A questão ambiental também é extremamente grave, pois coloca em risco o futuro das pessoas. É importante lembrar que a questão do vírus e a questão ambiental não afetam somente os ricos, mas sim todas as pessoas. Por fim, essas guerras podem ajudar as pessoas a compreender o valor da solidariedade como um princípio norteador na defesa do futuro da humanidade.

Você vê condições políticas para mudar o regramento a fim de diminuir o atual poder do Presidente da Câmara dos Deputados?

Claro, com certeza, Julio Meneses, deve mudar, nós podemos e nós queremos mudar. A Câmara e o Senado precisam entender que fazem parte de um sistema presidencialista. O parlamento é proporcional, portanto, nós temos que mudar esse presidencialismo da câmara e do Senado.

Quando chegou o momento em que você foi para a berlinda, como se sentiu em relação ao partido? Sentiu-se abandonado ou acolhido?

Primeiro lugar, é preciso dizer ao Bruno Xavier que o partido não compreendeu que ele era alvo de uma guerra. Segundo, o partido ficou na defensiva e não foi para a explicação e para o embate político. Terceiro, o partido achou que a página seria virada e não foi. Portanto, acho que podemos tirar lições. Agora, não vou culpar o partido. O PT passou por uma das guerras mais exterminadoras de um partido político. Foram 10 anos de batalha, de guerra na TV, nas ruas e na justiça para acabar com o PT. Eles diziam: "vamos acabar com essa peste!" Aliás, era um senador da república que falava em acabar com essa peste. Fizeram de tudo. Mas o PT foi heroico e solidário comigo.

Por meio da militância, o partido me ajudou a pagar a multa decorrente de uma decisão injusta. Na verdade, o valor arrecadado foi maior do que, devido a uma injustiça, eu devia. O excedente foi repassado para outros companheiros, como Zé Dirceu e Delúbio Soares. Tenho sempre sido acolhido pela militância. Ainda hoje, encontro pessoas na rua que me reconhecem, tiram fotos comigo. Por isso, estou retribuindo à militância do PT dando aulas, participando de debates e fazendo algumas viagens que me permitem organizar a base dessa militância. Acredito que não há processo de transformação sem militância e sem organização dessa militância.

O PT é um patrimônio riquíssimo e que me ensinou muita coisa. Aprendi e também ensinei. Portanto, acho que, como o partido é um todo, guardo essas imagens muito fortes de alguns companheiros que vou evitar citar os nomes pra não ser injusto com ninguém. Recebi também muita solidariedade de pessoas que não eram do PT. Nunca esqueço que, quando fui obrigado a alugar uma casa para ficar preso em Brasília (um absurdo), encontrei uma casa. Minha filha foi lá e o dono da casa olhou para ela e disse: "Você é filha do Genoino?" Ela gelou, mas ele disse: "Para ele, eu alugo. Não precisa nem de fiador. Eu o conheço e vou alugar a casa." Eu nunca tinha visto ele. Ele não era filiado ao PT, não era militante. Nesses momentos, você descobre o que dá sentido à luta da humanidade por um futuro humano, democrático, pluralista, libertário, e não individualista.

Não tenho esse sentimento de culpar o PT, pelo contrário. Estou no PT desde a fundação, minha ficha de filiação tem o número 7 no meu diretório. Acho que a política é feita com prazer, com alegria, com desejo. A política não é coisa feia, vingativa, penosa. A política é libertadora. A revolução que eu prego é uma revolução em que as pessoas se alegram. Por isso o vermelho, as pessoas se abraçam. As pessoas não vivem com ressentimento, com tristeza, nem com sentimento de culpa. Esse é o sentimento que eu guardo em relação ao partido. Sou petista filiado desde a fundação.

Como você bem colocou no começo da entrevista, dado que você presidia o partido e o Delúbio era o tesoureiro, o Mensalão atingiu o partido. O Dirceu era Ministro , então o Mensalão atingiu o Executivo, e o João Paulo era presidente da Câmara, então atingiu o Legislativo. Houve outras condenações, inclusive de fora do PT, como o pessoal do Banco Rural e o Marcos Valério. Mas dentro do PT vocês quatro ficaram numa posição de maior evidência. Agora, como um exemplo, você se refere uma multa de 600 mil que o partido e a militância te ajudaram a pagar, contudo temos companheiro Pizzolato que recebeu, entre outras, uma multa e 580 milhões, portanto nem tem como pedir para pessoas ajudarem em uma vaquinha porque seria inviável. Além disso, os processos contra ele se amontoam, sua residência está penhorada, sua aposentadoria está achatada e ameaçada como um todo, seu nome foi a protesto por multas do Mensalão, sua esposa, que jamais teve cargo público está pagando pena em ação derivada da AP 470. Sei que é um pouco constrangedor perguntar isso, especialmente pelo fato de que você não responsabilidade ou ingerência nisso, mas na minha percepção o Pizzolato acabou ficando um pouco alijado nesse processo, por ter talvez ele menos ingerência no governo ou no partido que qualquer outra pessoa do mensalão. Era apenas um diretor de marketing de um banco público, e acabou ficando com essa carga maior. Você concorda com esse meu ponto de vista?

Então, Sálvio, eu tomei a decisão de não mencionar nomes em assuntos relacionados ao Mensalão. Todos fomos vítimas. Não cito nem mesmo os nomes de quem me condenou. Procuro entender o processo em que mais importa, e nisso ele independe de nomes. Acho que o Pizzolato foi injustiçado, assim como todos os denunciados no Mensalão, uns em maior e outros em menor grau. Penso que eles tornam os alvos maiores ou menores dependendo das circunstâncias, dependendo das particularidades e das necessidades deles. São essas particularidades que devemos levar em conta, mas friso que o Pizzolato é considerado politicamente da base do partido, da militância do PT.

É claro que toda a narrativa para produzir o mensalão passava pela Visanet, o que era uma grande mentira, inclusive. E aí sentiram a necessidade de alvejar o Pizzolato. É bom deixar claro que teve um companheiro jornalista que não aceitou essa narrativa, o Franklin Martins, e perdeu o emprego de diretor de jornalismo da Globo em Brasília porque ele disse: "Olha, cubra melhor esse negócio da Visanet que não é bem assim, ela tem programação e publicidade com outros veículos, com outras experiências."

Eu conheci o Pizzolato particularmente durante o processo. Antes disso, tivemos algumas plenárias em conjunto, mas ele sabe do meu apoio e da minha solidariedade. O processo do mensalão foi muito particular, pois foi o primeiro. A cultura política da esquerda foi muito atingida e ficou na defensiva. Foi um processo muito singular que vivemos no Mensalão. Portanto, prefiro me expressar nesses termos.

Por exemplo, eu nem fui ouvido pela Polícia Federal. Por quê? Porque a condenação já estava decidida antes da denúncia! Isso mostra como eram as condenações naquela época. Era assim na ditadura. Fui preso na Guerrilha e transferido para São Paulo, onde os militares disseram: "Olha, você vai para São Paulo e será condenado a cinco anos".

Fui condenado a cinco anos e não tive direito a liberdade condicional. Tive que cumprir a pena em regime fechado.

No Mensalão, da mesma forma, sairia a condenação de todas as principais lideranças do processo, inclusive a nossa. Fomos os bodes expiatórios de um grande processo que começou em 2005.

A palavra final é sua!

Eu queria apenas agradecer a oportunidade de participar desse trabalho brilhante, necessário, democrático e justo, por isso acelerei esse depoimento para o livro que está dando voz às vítimas. Sinto como um dever meu participar e ajudar no que for possível esta iniciativa.

Lawfare Nunca Mais - A Voz das Vítimas

DELÚBIO SOARES

Lawfare nunca mais - A voz das vítimas - Com Delúbio Soares

Transmitido ao vivo em 3 de julho de 2023

www.youtube.com/watch?v=cjmCjqriPsk

Eu, o Henrique Pizzolato, o José Dirceu, o José Genoíno e muitos companheiros nossos, na época do Mensalão fomos muito atacados pela grande mídia, pelos conservadores e pelos deputados representantes na CPI (Comissão Parlamentar de Inquérito). Aliás, eu estive em várias CPIs.

O Salvio me pergunta como eu vejo o Mensalão. Vamos lá. A denúncia do Roberto Jefferson, quando aconteceu, imprimiu um ritmo em todos nós. A gente tinha voz, mas as pessoas não escutavam o que nós dizíamos, o que inclui algumas pessoas mais próximas da gente. A grande mídia, claro, não nos ouvia nunca, e não havia canais alternativos como se tem hoje na internet. Não tínhamos por onde falar. O meio alternativo mais moderno na época era o e-mail, mas por ali a comunicação era limitada.

Eu convivia com muitos juristas naquele período. Era amigo do doutor Aristides Junqueira, que foi procurador-geral da República na época do Collor. Ele me disse que o STF (Supremo Tribunal Federal) não iria nos julgar, que ele só iria arbitrar a pena, porque nós já havíamos sido julgados pela mídia. Me disse que eu tinha alguns dos advogados criminalistas mais brilhantes do país, o doutor Arnaldo Malheiros, a doutora Flávia Rahal e o doutor Celso Vilardi. Mas os advogados iriam falar, escrever, iriam às audiências, fariam petições e nem o Ministério Público nem o STF ouviriam nada. Já estávamos condenados. E isso foi muito duro pra gente.

Hoje eu estava num avião e ouvi uma música da banda Engenheiros do Hawaii, chamada Crime sem Castigo. No caso do mensalão foi o contrário: castigo sem crime. Um castigo político muito grande, um constrangimento pessoal e familiar horrível. Fizeram de tudo para nos desmoralizar. E a gente não praticou crime nenhum. Meu nome foi exposto na mídia com toda a maldade possível. Mas isso foi um processo político. Não era meu CPF que estava em questão, era o CNPJ que eu representava no PT. Eles tentaram desmoralizar o PT, queriam criminalizar o governo. Mas nós conseguimos trabalhar de uma maneira tal que o Mensalão ficou no Executivo, não chegou ao Legislativo. Tanto é que o Lula foi eleito, sem nenhum problema, em 2006.

O Mensalão significou o início de um processo de tortura mental muito grande contra todas as pessoas que estavam envolvidas. 90

pessoas foram indiciadas na CPI. O Ministério Público falava em 40, mas era para dar um nome bonito: Ali Babá e os 40 ladrões.

Eu fui acusado de corrupção ativa, outros também de corrupção ativa, outros de lavagem de dinheiro. Todos nós, especialmente eu e a minha família, fomos muito perseguidos pela imprensa. Vivia em cartórios, fui à Polícia Federal muitas, muitas vezes. Só uma vez a minha ida foi coercitiva, nas outras fui intimado, aqui em São Paulo, em Goiás, em Brasília e outros estados em que havia processo estadual. Eu tinha 43 processos. Mas consegui derrotar todos, menos um. Nós já arrumamos inclusive as condições políticas e jurídicas para pedir a revisão criminal da Ação Penal 470. Foi a única que eu perdi, a única pela qual eu paguei, o Pizzolato também. Mas vamos fazer essa interpelação ao STF no momento político adequado. Agora não. Nisso nós vamos trabalhar direitinho.

Mas eu queria dizer que, com toda tentativa de desmoralização pessoal e da família, eu sempre enfrentei isso com a cabeça erguida. Olho no olho. Consegui enfrentá-los, e hoje posso dizer que ganhei todos os processos. Agora sou uma pessoa sem nenhum processo criminal, e paguei a pena, assim como o Pizzolato e outros, na Ação Penal 470.

No Mensalão sofri quatro processos: o do BMG, o da lavagem de dinheiro, o processo da Vivo e a Ação Penal 470. Eles tentaram me descaracterizar, abater psicologicamente, mas eu, graças a Deus, com firmeza, com o apoio da minha família, dos meus amigos mais próximos, consegui resistir a tudo isso. E se necessário fosse faria tudo de novo, porque não fiz nada de errado.

Fiquei quatro anos retido em Brasília. Lá eu fui condenado, depois, preso, depois houve uma ação por formação de quadrilha e eu fui para o regime semiaberto, em seguida para o aberto e finalmente para a condicional. Como o Joaquim Barbosa realizava idas e vindas judiciais para perseguir todos nós, ele me deixou 7 meses trancado, sem nenhuma necessidade, até eu conseguir o indulto. Mais tarde, na Lava Jato, eu fui condenado a 6 anos. Fiquei um ano no regime fechado e 10 meses no semiaberto, sem poder sair de Curitiba. Foi quando eu tive o prazer de conhecer o Salvio Nienkotter, editor deste livo.

O Pizzolato quer saber se o que eu sofri chega a ser tortura, como diz o José Genoíno. Na minha vida eu tive uma experiência da qual mais tarde vim a lembrar. Quando eu era jovem participei da base da Comissão da Anistia, em Goiás. Isso foi de 1975 a 77, até a gente conseguir a anistia. Aquilo me marcou muito. Fui vendo o que aconteceu com as pessoas que estavam fora do Brasil, exiladas, conheci os familiares daqueles que sofreram tortura, foram assassinados ou desapareceram. O apoio e o envolvimento daquelas famílias era de uma força humana impressionante.

Quando saiu a denúncia, conversei com a minha companheira, a Mônica. Ela me disse que iria comigo até o fim, porque me conhecia há mais de 20 anos e nunca tinha visto nada de errado. Conversei com a minha família, meu pai, minha mãe, meus irmãos, e todos me deram muito conforto. "Olha, nós confiamos em você", eles disseram. Aconteceu o mesmo com a família da minha companheira. As primeiras pessoas que a gente tem que buscar, na alegria e na dor, são as da família. Depois busquei apoio também dos amigos, das pessoas que cresceram comigo em Goiás, com as quais lutei junto no Movimento dos Professores, na Comissão da Anistia, na fundação do PT. Muita gente me deu apoio. Mas houve também quem me virasse as costas.

Fiquei confinado no meu apartamento durante um ano, 24 horas por dia, com gente da Rede Globo na porta de casa. Não tinha jeito de eu sair. Às vezes saía de carro, mas era aquele bando de gente da televisão atrás de mim, me perturbando. Depois veio a eleição do companheiro Lula, em 2006. Eu continuei em casa, achei que contribuiria mais ficando quieto do que saindo à rua. Só sofri uma hostilização no aeroporto, uma vez. Mas aconteciam coisas muito chatas, como aquela pessoa tentando dar uma bengalada no José Dirceu na Câmara.

Quando eu ia à CPI, era bem difícil. Entrava por um corredor que eu chamava de corredor polonês da imprensa. Cheguei a ficar na CPI até 21 horas, com aquelas luzes todas na minha cara. Nunca fiquei sem dar uma resposta a um deputado, a um senador. Nem aos promotores ou ao juiz, nos inquéritos das ações penais.

Eu me lembro de um diálogo do filme Ben-Hur, em que ele está todo amarrado e lhe perguntam: "De que é que te acusam?". Isso é muito importante. E naquela época eu pensava se era certa ou errada a acusação que eu recebi. Todas as acusações que sofri foram do Ministério Público. Porque não há registro de inquérito da Polícia

Federal no Mensalão. Eles esconderam o inquérito da PF, já que ele não incriminava nenhum de nós, não podiam usá-lo. Esse é um dos motivos da anulação da ação. Porque no inquérito da PF, entre as testemunhas de acusação e de defesa, nenhuma delas fala que houve compra de votos ou que houve dinheiro público no meio.

Por que condenaram primeiro o Pizzolato na Ação Penal 470? Porque ele era funcionário do Banco do Brasil, que é uma instituição de economia mista, e ele foi acusado de ter desviado dinheiro da Visanet, que é uma empresa privada, a qual transformaram em coisa pública... Trataram todo o dinheiro dos empréstimos das empresas do Marcos Valério, via bancos, como se fosse dinheiro público.

O Pizzolato quer saber quais eu acho que foram os principais erros, tanto na denúncia quanto depois, no julgamento do Mensalão. Vamos lá. Primeiro, o STF julgou pessoas que não tinham direito a foro privilegiado, como o Pizzolato, eu e o José Dirceu. E nunca havia julgado alguém que não tinha direito de foro. Então por que eles nos julgaram lá? Para julgar rápido e tirar a gente da política.

O Pizzolato trabalhou comigo na campanha eleitoral de 2002. Sabe o trabalho que nós fizemos. Conseguimos fazer uma campanha muito organizada e correta, não houve nenhuma confusão financeira, não houve escândalos. Foi extremamente vitoriosa. E as contas que eu assinava foram aprovadas por unanimidade, sem nenhum pedido de revisão ou questionamento. A gente chama isso de aprovar as contas com louvor. O TSE aprovou todas as contas do presidente Lula e do PT na época em que eu era tesoureiro do partido, tesoureiro da campanha e coordenador da campanha. Depois da eleição, não houve qualquer questionamento do resultado eleitoral.

Então, ao aceitarem a denúncia como ela foi colocada, eles o fizeram para nos tirar da política, porque não havia dinheiro público nenhum no nosso trabalho. Quando o meu advogado, Dr. Arnaldo Malheiros, disse no julgamento que não tinha havido compra de deputado, que aquilo era dinheiro de campanha, a ministra Cármen Lúcia, presidente do TSE, disse: “Isso é crime!”. Dr. Arnaldo respondeu que, mesmo que fosse crime, não podia ser julgado daquela maneira. Seria um crime eleitoral, devia ser encaminhado para outra instância, não seria aquele tribunal que o julgaria. Seria o TSE, com um juiz eleitoral.

Este foi o primeiro erro. Segundo erro: entre as mais de 400 testemunhas, não houve uma que comprovou compra de voto para votar no governo. Tudo era somente campanha eleitoral. Como eu disse, se houve crime ali foi eleitoral, não penal. E no entanto nós fomos julgados dessa forma. O Pizzolato pegou 12 anos, eu peguei 8 anos e 10 meses, outros, uma pena maior. Fomos acusados por crimes sem sentido. Eu fui acusado no Mensalão de Minas Gerais, envolvendo o BMG, por gestão temerária. Eu nunca fui diretor do banco. Nunca entrei nem pela porta do banco. Peguei um empréstimo, nada além disso.

O que eles queriam? Quebrar a dignidade das pessoas que envolveram no Mensalão. E envolveram pessoas que não tinham nada a ver com o seu propósito. Dou um exemplo. O Professor Luizinho foi colocado naquele rol de corrupção por 20 mil reais. O prefeito de Belo Horizonte pegou mais de 4 milhões para pagar dívidas de campanha. E ele nem citado foi. E o Luizinho sofreu o que sofreu, coitado. O João Paulo, por causa de 50 mil reais...

Nós temos que ver o seguinte. Criaram uma narrativa mentirosa (hoje chamaríamos de fake news) que envolveu todo mundo. A mídia, puxada pela Rede Globo, por outras televisões e pelos jornais, era protagonista. Nos julgaram por manchetes de jornal, não havia uma prova concreta de compra de votos, que foi o que eles usaram para nos condenar. O que nós fizemos de errado foi pegar dinheiro emprestado para pagar dívidas de partidos que não estavam registrados no TSE. Mas o dinheiro tinha uma origem. Por isso é que não era um Caixa 2 clássico. Por isso que eu chamei de dinheiro não contabilizado.

Tudo isso que aconteceu, principalmente comigo, José Dirceu e Pizzolato, foi uma tentativa de quebrar a nossa espinha dorsal política. Tentaram colocar na mente de todos os nossos parceiros, companheiros, familiares que nós éramos corruptos. Eu era o maior corruptor do Brasil. Corrompi o partido do Maluf, o partido do Roberto Jefferson, do Valdemar Costa Neto. Olhem quem são essas figuras hoje!

Eles tentaram implantar aqui algo que está na história de várias culturas, a banalização do mal. Para isso criaram, para condenar algumas pessoas, a teoria do Domínio do Fato. Ela foi fundamental para eles. Ninguém a conhecia no Brasil. Hoje há essa palavra moderna, lawfare, que é usar a justiça para influenciar a política. E isso eles fizeram muito bem no Mensalão. O Mensalão é o pai da Lava Jato. Eu avisava as pessoas sobre o que estava acontecendo conosco. Dizia que ia acontecer com mais gente. Não que eu previsse a Lava Jato, a queda da Dilma, o que ia acontecer com o José Dirceu, com o Lula, mas era óbvio que eles derrubariam, numa escadinha, as pessoas que defendiam os interesses populares, como aconteceu. Queriam tirar o governo que estava fazendo alguma coisa para o povo e repor o governo anterior, aquele que só governa para 30% da população.

A técnica usada foi a de quebrar a nossa espinha dorsal, a nossa mente. A mente é fundamental, porque sem clareza a pessoa se despedaça. E eles conseguiram fazer muitos se despedaçarem. Tanto que nós vimos pessoas importantes fazendo delação na Lava Jato sem nenhuma coerência, mentindo sem parar. E essas mentiras ajudaram a condenar outras pessoas.

Eles usaram um negócio chamado matar reputação para tirar a gente da política. Na época de Cristo, quando alguém tinha uma doença como a lepra, por exemplo, ninguém chegava perto. Eles tentaram nos transformar em leprosos. Mas não conseguiram, porque nós resistimos, temos inteligência para isso, capacidade de enfrentá-los olho no olho, sem esconder nada. Eu nunca, nunca menti neste processo.

Eles tentaram me matar duas vezes. No Mensalão e na Lava Jato. Não conseguiram. Eu é que consegui derrotar todos. Derrotei o Joaquim Barbosa, que criou todas as condições para deixar a gente eternamente preso. No começo ele queria me dar 111 anos de cadeia... Mais tarde minha mãe dizia que achava que eu pegaria 111 anos, e como eu peguei 8 ela disse: "É menor, né?". Minha mãe, que já partiu, dizia: "Olha, eu criei você, confio em você, resista. E não minta, porque mentira tem perna curta". E de fato. Eu fui estudando o tema e percebi que esse negócio da fake news não sobrevive. O Sócrates, lá atrás no tempo, já dizia que "a mentira não vive o suficiente para envelhecer".

Esse episódio de que falamos aqui ocorreu há 18 anos. É pouco perante a história, que tem milhares de anos, vem de muito antes de Cristo. E as mentiras sempre se repetiram dessa forma. Obrigaram Sócrates a tomar cicuta e, no dia em que ele tomou, disse: "Esses que me acusaram, ninguém vai lembrar o nome deles. Mas o meu nome será lembrado". E até hoje, todos nós que estudamos sabemos que o Sócrates representa o início da filosofia, do debate crítico no Ocidente.

Respondendo resumidamente à pergunta do Pizzolato, sobre quais foram os principais erros.

1) O STF quebrou a regra da Constituição, julgando pessoas que não tinham direito de foro.
2) Julgou baseado em manchetes de jornal, sem nenhuma prova.
3) O STF arquivou o inquérito da Polícia Federal, que não acusava nenhum de nós.

Eles procuraram descobrir bens meus que estivessem fora do meu alcance financeiro. Mas quem não deve não teme. Em Goiás foram a cartórios de mais de sessenta cidades para ver se encontravam uma fazenda ou outro patrimônio em nome de Delúbio Soares. Claro que não acharam nada. Eu nunca tive patrimônio pessoal. Sou de uma família muito humilde. Mas muito trabalhadora. Meu pai é um homem honrado. Meus irmãos são todos como eu, vivem daquilo que produzem. Um trabalhava no Banco do Brasil, outro era comerciante (depois virou vereador) e minha irmã é professora até hoje.

Eu disse há pouco que eles tentaram me matar duas vezes, politicamente falando. Com o Lula aconteceu a mesma coisa. Quando na greve de 1980 prenderam o Lula, um ministro da época e o Golbery diziam que o Lula tinha acabado. Pois bem. Não só não acabou como construiu o PT, foi se tornando cada vez mais forte. A segunda vez que tentaram matá-lo foi quando o prenderam em 2018. Tiraram o Lula de cena para ganhar a eleição.

Nós criamos uma ferramenta muito importante, que foi chamar os trabalhadores para entrarem na política e poderem governar. Foi isso que nós fizemos e esse é o crime que nós cometemos. Por que o filho de um trabalhador, de um operário, de um camponês ou de uma família com muita necessidade não pode ser um cientista? O dirigente de uma empresa grande? Por que não pode ser prefeito, vereador, deputado ou presidente da república? É simples: porque a classe dominante brasileira pensa que só os filhos dela, que foram preparados para isso, podem fazê-lo.

Sobre o meu julgamento, um dia o Arnaldo, meu advogado, que infelizmente morreu, me disse: "Não se preocupe, não vai dar nada, porque essa denúncia e esse processo são ineptos. E processo não tem capa, o STF não julga pela capa, julga o conteúdo". Depois, na hora em que eu fui condenado, ele me pediu desculpas, disse que tinha errado. "Esse processo tinha capa".

O Aristides Junqueira, meu amigo, que é um grande ícone do Judiciário brasileiro, uma vez falou: "Esse STF, com o rumo que está tomando, não vai julgar, vai condenar. Aliás vocês já estão condenados, todos os 40. Uma pena vai ser mais leve, outra vai ser mais aguda, mas ninguém escapa". E foi assim.

Mas eu não me deixei abater. Qualquer lugar em que eu esteja transformo numa trincheira de luta. Fiz muitos amigos quando estava em Curitiba, como o Salvio Nienkotter. Lá no CMP (Complexo Médico Penal de Pinhais, perto de Curitiba), onde o processo da Lava Jato me encarcerou, eu trabalhava no artesanato. Um dia pedi para a minha mulher, a Mônica, trazer para mim umas cartolinas vermelhas, amarelas, verdes e brancas. Não disse a ela o que ia fazer com aquilo. Quando chegaram as eleições, fiz estrelinhas com as cartolinas. Entreguei as vermelhas para as pessoas que iam votar no Haddad. As amarelas para quem ia votar no Ciro, porque o amarelo era cor da campanha dele. As verdes para quem ia votar na Marina. E as brancas para quem não queria votar em ninguém. Todos colaram as suas estrelinhas acima da sua jega, que é como chamamos a cama na prisão. Quero dizer com isso que, em qualquer lugar em que estejamos, temos que fazer uma luta social.

No auge do tiroteio da mídia e do bombardeio geral, a direção do PT acabou fazendo uma reunião e me expulsou. Depois, ainda antes do julgamento, eu voltei para o partido. O Pizzolatto me pergunta como eu me senti ao ver que os companheiros não conseguiram entender a trama que havia por trás de tudo e seguiram pelo caminho mais fácil. Não falei sobre isso ainda para não ferir suscetibilidades. Naquela época a denúncia do Roberto Jefferson impactou muito a direção do PT. E a Globo e todos os meios de comunicação amplificaram esse impacto. Eles tinham que achar um culpado.

Uma Comissão de Ética do partido analisou os fatos. Ela viu que não havia nenhuma irregularidade nas contas do PT ou no meu comportamento. Mas como é que você pode expulsar uma pessoa de esquerda de um partido de esquerda? Ou por desvio de ética ou por traição, deduração. A tradição no mundo é essa. Mas no PT eles não encontraram nada contra mim. Não havia uma conta minha com enriquecimento ilícito, uso de dinheiro público, nada que afetasse o militante. A Comissão de Ética concluiu que não havia porque me expulsar. Mas o senhor Ricardo Berzoini, que era Secretário Geral do partido, e o senhor Tarso Genro, que era presidente, como a imprensa ficou muito em cima deles, acharam que tinham que me expulsar do PT. O que eles fizeram com o relatório da Comissão de Ética? Para contorná-lo, destituíram a Comissão, nomearam outra, que já veio com o parecer próprio para me expulsar por gestão temerária. Eu fui expulso. Nunca tive um dia tão triste na minha vida como aquele. Até disse ao pessoal do Diretório Nacional: "Vocês estão dando carne aos leões. A minha carne". Foi a primeira punição que eu tive na vida. Nunca fui punido na escola, nas greves que fiz (que não foram poucas), na minha ação sindical etc. Foi muito triste.

Com esse gesto, eles abriram a porteira para as punições. Porque, se o PT achava que eu era culpado, o que iriam dizer os tribunais, o que diria a imprensa? E o que aconteceu? Os jornais aplaudiram a minha expulsão. Pois eu fui expulso com louvor: 39 votos a favor contra 16 abnegados. A expulsão foi a porta aberta para a suma condenação. Ali começou o grande erro do PT. A direção estava acuada, impactada com a imprensa e achava que, me tirando do partido, resolveria tudo. Mas, ao contrário, colocou mais 40 pessoas naquela CPI.

Hoje eu estou rodando o Brasil, mostrando aos companheiros as duas decisões penais que ganhei. E há muitas pessoas que não têm coragem de me olhar nos olhos. Elas me cumprimentam, me dão um abraço, dizem que eu fui firme, isso e aquilo. Mas não me encaram. E aquelas que votaram pela minha expulsão não têm coragem de conversar comigo direito. Me cumprimentam e caem fora. Mas eu não tenho o coração vingativo. Nunca pedi vingança, nem para os dois juízes, um da Primeira Instância e outro da Corte Superior. Não tenho ódio deles. Deixo isso pra lá.

Um juiz da 13º Vara me perguntou dia desses numa entrevista: "O que você acha desse juízo?". Eu respondi que a justiça vai cuidar dele, a justiça dos homens ou a divina.

É isso que vai acontecer, porque a atrocidade que eles cometeram, ao tentar liquidar a vida das pessoas, é muito grave. Houve gente que não resistiu. Vocês viram o que aconteceu com o reitor da Universidade Federal de Santa Catarina, que se suicidou.

Houve gente, mesmo em nosso meio, que no Mensalão baixou a cabeça. E não reergueu mais. Gente que diminuiu de tamanho. Já outros não. Outros enfrentaram tudo de coração aberto, mente firme, olho no olho dos acusadores.

Dezoito anos depois, está provado que nós não fizemos nada. Não sou eu que estou dizendo, é a Justiça. Está provado que houve um erro judicial muito grande. O Judiciário aliás errou várias vezes. No nosso caso errou no Mensalão e na Lava Jato. Porque tentaram tirar o Lula da política. Não conseguiram. Mas tiraram a Dilma. Chegaram até a impedir o Lula de ser presidente em 2018 e de ser ministro, mais uma vez por uma decisão judicial equivocada. As tramoias foram grandes.

Nós trabalhamos muito nas emendas populares, para aprovar uma Constituinte nova, cidadã. Não tínhamos a Constituinte de que nós gostaríamos, queríamos que ela estabelecesse 40 horas semanais de trabalho, não 44. Queríamos o SUS mais aberto à população. Mas conseguimos uma lei do SUS muito importante, que foi regulamentada. E desde os tempos da ditadura lutávamos para trazer os trabalhadores para a política. Tudo isso é que estava em jogo, isso é que os irritava. Por isso queriam tirar os trabalhadores do debate político, atacando seus líderes. Queriam ficar sozinhos no poder.

Resistimos tanto que voltamos à presidência da República.

O Pizzolato me pergunta como foi o meu segundo momento no PT, quando fui reintegrado a ele. Como já disse, fiquei triste ao ser expulso. Mas depois pensei: uma hora o PT vai mudar de posição. Tentei voltar ao partido em 2009, para tentar ser candidato em 2010. Fui impedido de novo. O Ricardo Berzoini me enrolou, enrolou e não me deixou me filiar. Disse que eu ia atrapalhar a eleição da Dilma e jogou pra 2011 a minha filiação. Em 2011 eu consegui. Mas, para mim, estar filiado ou não já não era muito importante. Desde menino eu milito nesse campo. Antes do PT já militava num campo muito parecido. Na Anistia, junto aos movimentos populares, no sindicato. Para mim a luta é cotidiana, é a luta da classe trabalhadora.

Eu gostaria de ter 25 anos de novo, quando tinha mais energia. Hoje tenho 67, mas quero viver mais 67. O importante é a cabeça estar ativa 24 horas. Nós que somos militantes de esquerda temos que pensar que, enquanto houver uma pessoa passando necessidade no Brasil, ou seja, passando fome, sem casa para morar, sem emprego, temos que continuar lutando. Não adianta eu estar bem e meu vizinho estar mal. As pessoas de extrema direita, por exemplo, só pensam em si, nem em sua família pensam na verdade. Nós que temos um pensamento coletivo, humanitário, um pensamento social voltado para uma sociedade igualitária, temos que lutar todo dia.

Quando fui expulso do PT, não tive mágoa. Porque no Manifesto do PT está escrito que nós queremos uma sociedade igualitária, sem explorados e exploradores. Se isso está no Manifesto, uma hora o PT me reintegraria, porque todos sabem que esta é a minha luta, desde menino.

Sou fundador do PT e da CUT. A CUT (Central Única dos Trabalhadores) sempre me acolheu, nos momentos mais difíceis. O PT falhou um pouquinho. Mas as coisas voltaram à normalidade agora. É preciso compreender que essas coisas que se passaram comigo acontecem com várias pessoas no mundo inteiro. Incompreensão daqui, dali... Eu trato o que aconteceu entre o PT e mim como incompreensão.

Algumas pessoas, para responder à pergunta do Salvio Nienkotter, não tiveram coragem de pedir desculpas. Eu também não quero essas desculpas. Eu quero é conviver com todas as pessoas como elas são. Não adianta uma pessoa que se acovardou em determinado momento pedir desculpa.

Eu vou contar uma história para vocês. Eu tinha um amigo, que infelizmente foi assassinado. Ele era prefeito de uma cidade vizinha à minha, pela qual passa um rio muito importante, o Paranaíba. Nós resolvemos, eu e ele, fazer uma expedição no rio Paranaíba. Fomos à nascente, na Serra do Cachorro, em Minas, e descemos de canoa até a foz, onde o Paranaíba se junta ao Rio Grande e vira o rio Paraná. No final da expedição, chegamos a uma cidade chamada Aparecida do Taboado. Tomamos um café da manhã com outras pessoas, porque havia 80 prefeituras envolvidas na expedição. Fui à mesa onde estavam sentados o prefeito, o presidente do sindicato e um rapaz das finanças da cidade de Prata. Eles me disseram que gostariam que eu levasse ao presidente Lula o seu pedido de perdão. Era em 2008, o Mensalão estava em debate ainda. O prefeito disse: "Pedimos perdão porque aqui no Centro-Oeste colocamos em todos os caminhões que a gente conseguiu a frase: Lula, a praga da Agricultura. Foi o nosso sindicato que organizou isso". Eu respondi que ia dizer ao Lula que eles estavam fazendo autocrítica. Os três se levantaram com o dedo em riste, dizendo que autocrítica era coisa de comunista: "Nós estamos pedindo é perdão!". Eu falei que ia dizer então que eles reconheciam que se equivocaram. "Também não, nós estamos pedindo é perdão." Concordei em dizer que eles estavam pedindo perdão, embora perdão só se possa pedir a Deus. Mas essa é a mentalidade. Tem gente que jamais vota no PT, não porque não gosta dele, mas por outros motivos.

Vamos falar dos ricos. Os ricos gostam do governo do PT, porque ganham dinheiro. Gostam mais do que do governo Bolsonaro. Eu fui há pouco tempo a Brasília e vi que os hotéis e restaurantes estão rindo à toa. É que eles estão cheios, porque sempre está havendo encontros, seminários etc. O PT movimenta a economia em toda parte. Mas os ricos também não gostam do PT. Por quê? Porque quem manda no governo do PT é o programa do PT, e os ricos não apitam nesse programa. Ninguém manda no programa, nem que seja do Governo Federal ou das prefeituras e governos estaduais do partido. O programa é soberano. E os ricos não querem só ganhar dinheiro, isso eles já têm. Eles querem é mandar no Governo para perpetuar a sua espécie e só os filhos deles serem dirigentes, ditando a política para o mundo. Porque isso acontece no mundo inteiro. Aqui no Brasil este fato é mais acintoso ainda. Olha o que fazem com os povos originários, com os afrodescendentes, o que fazem com os pobres em geral! Pobre é só para trabalhar para enriquecer meia dúzia de pessoas. Gostam do governo, ganham dinheiro, mas na hora de votar nós não servimos para governar.

O Pizzolato quer saber qual é o papel da mídia nessa rejeição, nessa criminalização toda dos pobres e dos seus defensores. Bem, eu conversei muito com o Paulo Henrique Amorim em sua casa, dois meses antes da morte dele. Ele cunhou uma palavra muito importante: o PIG, Partido da Imprensa Golpista. Separou o PIG do que podemos chamar de imprensa alternativa.

Vejamos o que aconteceu. A imprensa brasileira se submeteu ao sistema financeiro. Isso ocorreu porque todos os veículos do PIG quebraram. Quem os salvou? Os bancos. Os bancos compraram a imprensa. Foi assim com vários canais de televisão e jornais. E a imprensa se tornou subserviente ao capital financeiro.

Precisamos lembrar que a única coisa nesse país que nunca enfrentou crise é o sistema financeiro. E que nas empresas que representam esse sistema, são contratados executivos a preço de ouro para fazerem as maldades, como os antigos capitães-do-mato. Não são os donos das empresas que praticam o mal. Os acionistas até viraram pessoas boazinhas. Da mesma forma que esses executivos, a imprensa brasileira virou capitão-do-mato do sistema financeiro. Nesse papel, ela é usada para desmoralizar os antagonistas. Como? Dando apelido a eles: corrupto, bandido, ladrão. Quantas vezes eu não fui chamado de corrupto no Brasil? De ladrão, de bandido? Sou a pessoa mais investigada. A Polícia Federal sabe da minha vida mais do que a minha mãe, do que o meu pai, do que a minha mulher. Nunca acharam um telefonema comprometedor, um e-mail, alguém que dissesse que eu coagi alguma pessoa. Não há um empresário do Brasil que tenha tido coragem de me denunciar, porque nunca fiz uma extorsão. E a imprensa disse o que disse.

Quem vai pagar o sofrimento de eu ter ficado dois anos em Curitiba, um ano fechado? Quem vai pagar o vexame que a minha família passou? Quem é que vai pagar por isso tudo? Foi um castigo sem crime. É por isso que a minha revista se chama "Réu sem Crime – quando a política se vale da justiça". Isso é o lawfare.

Houve um debate uma vez no Brasil, coordenado pelo Haddad, que trouxe o Mélenchon e o Alberto Fernández. Era sobre o Lawfare contra Lula. Ali se observava que o STF virou uma sanfona. Aprovou julgar gente que não tem direito de foro, o que está fora da Constituição; julgou condenado em segunda instância; o ministro do STF impediu o Lula de ser ministro. Quando as barbaridades da 13° Vara e a força-tarefa dos promotores da Lava Jato começaram a investigar o STF, ele voltou a seguir a Constituição.

Ora, quem quer disputar a política abandona o Judiciário. Não tenho nada contra um Congresso conservador ou um Congresso progressista: o que importa é que seja o Congresso que o povo escolheu.

Eu respeito o Congresso que está aí, mas ele tem que respeitar também o Executivo que está aí. Se houver alguma dúvida sobre a aplicação da Constituição, o Judiciário é quem decide, mas dentro das regras constitucionais. E o STF passou a julgar, no nosso caso, coisas que ele não poderia julgar.

Eu sou um homem prevenido. Já deixei uma procuração com a minha família. Na hora certa nós vamos pedir a revisão criminal da ação 470. Acho que não está na hora agora, politicamente falando, não seria correto. Porque muitas pessoas que hoje voltaram a se valer da Constituição, antes não a seguiram. No momento certo, pediremos a revisão, estando eu vivo ou não. Digo isso porque de 2005 para cá eu vivi num turbilhão. Mas nunca fiquei um dia sem sono. Porque eu tinha clareza do que nós fizemos. E não vou me precipitar agora.

Bem. Nós temos que politizar as pessoas, chamá-las para discutirem política conosco. Afinal, nada fora da política tem futuro. Basta pensar nesse presidente que estava aí. O que ele fez? Todas as barbaridades do mundo. Na pandemia foi um desastre. Na economia foi um desastre. Agora, o nosso governo pode reconstituir tudo, menos as 700 mil vidas perdidas na pandemia. Mas podemos fazer uma coisa, aliás, devemos: dar conforto às famílias que perderam um ente querido. E evitar que novas tragédias como aquela aconteçam.

Praticaram tanta maldade no governo fascista. Vejam o que fizeram com os yanomamis, uma nação indígena em que os brancos não conseguiam entrar. Eles tentaram aniquilá-la contaminando os rios e os animais, porque na cultura de subsistência, sem peixes e bichos as pessoas morrem de fome. Devido a isso tudo, esse pessoal um dia vai ser julgado por genocídio.

A esquerda brasileira tem muita oferecer ao Brasil. Temos que nos esforçar ao máximo. Por exemplo: precisamos aumentar a escolaridade do brasileiro, que é uma das menores da América Latina. No Paraguai, um país muito mais problemático do que o nosso, a escolaridade é maior do que a do Brasil. No Uruguai é quase o dobro.

O Pizzolato quer saber que mensagem eu deixaria para a militância e para as pessoas em geral. Acho que nós devemos trabalhar noite dia para evitar o lawfare. Combater as fake news, não xingando quem acredita nelas, mas colocando com serenidade o que é verdade. Porque a verdade vencerá. E conclamo a todos os que andam ao nosso lado a não perder a paciência. Nem a paciência política nem a paciência histórica, que é a do nosso cotidiano. Precisa fortalecer com calma as nossas instituições, que são os partidos políticos, os sindicatos, as ONGs, o movimento popular. São elas que defendem o povo, a democracia.

Na pandemia, minha maior emoção, meu maior orgulho era ver o caminhão do MST ir ao acampamento, sair cheio de comida e ir à periferia distribuí-la para as pessoas que estavam passando necessidade. Não vi nenhuma empresa grande fazer isso. JBS, Bradesco, Safra, Itaú, Santander, ninguém deles fez isso. Nem a Petrobrás, que só fez crescer o preço da gasolina.

Cada pessoa tem que exercer a sua solidariedade política. A solidariedade humana é importante, claro, ajudar uma pessoa que precisa de apoio. Mas a solidariedade política é mais importante. O Bolsa Família deve voltar com força, o emprego e o salário mínimo devem crescer. Precisamos criar com solidariedade as condições políticas para pensar o país por pelo menos 30 anos à frente. Por tudo isso acho que nós temos que ter muita paciência, individual e coletiva. E determinação.

Os nossos partidos, PT, PCdoB, Partido Verde, PSOL, Rede, PSB, todos que têm um pensamento humanitário precisam pensar à frente. E se livrarem dos dogmas do passado. É fácil fazer isso? Não. Muitos tentaram e não conseguiram. Talvez a gente não vá conseguir, mas vamos dar a nossa contribuição para construir um mundo melhor, com igualdade social.

Eu digo que aqui no Brasil nós só temos três igualdades. Quando nascemos, nus, mas só até antes que nos levem para um berço de ouro ou não. Quando morremos, porque vamos para o mesmo lugar. E quando votamos. É por isso que tentam impedir o povo de votar, porque é a única igualdade que existe no Brasil, fora aquelas duas outras que mencionei.

Mas nós precisamos ter mais igualdades. Na educação, por exemplo. Na cultura, da qual pouca gente fala e que é fundamental para integrar as pessoas. É muito importante termos igualdade na questão da moradia. Por que alguém tem vinte casas e outra pessoa não tem nem um barraco para morar? E nem deve ser barraco, deve ser casa, com água encanada, com saneamento básico. A igualdade de acesso a meios de transporte também é fundamental. Por que tem gente que tem quatro, cinco carros, que às vezes custam mais de um milhão, e outros não têm sequer uma bicicleta? Alguns nem sapato têm, andam de sandália, que é mais barata do que o sapato.

Vou dar um exemplo do Xi Jinping. Ele escreveu um artigo que se intitula "Duas garantias e três acessos para a população chinesa". Quais são as garantias que ele defende para o povo? A primeira é comida saudável para todo mundo. A segunda é vestuário (coisa que nunca vi na política brasileira). E os três acessos são educação, saúde e moradia.

Por fim, o Salvio Nienkotter quer saber o que eu senti quando fui condenado na AP470. Eu já estava convencido de que ia ser condenado com louvor, 10 a 0. Sabia disso. Porque tudo que eu falava não tinha audiência. Eu era como A Voz do Brasil, era o mais ouvido mas ninguém prestava atenção. A única tristeza política que eu senti foi quando me expulsaram do PT. Mas não chorei, enfrentei aquilo de cabeça erguida. Sabia que a partir dali iria passar por uma dificuldade muito grande. E passei. Sobrevivi a ela. Não pedi arrego para ninguém porque não havia feito nada de errado. Cumpri a pena, sem perder a alegria. Inclusive uma vez a revista Veja me fotografou ao lado do José Dirceu na biblioteca da Papuda (Complexo Penitenciário da Papuda, no Distrito Federal). E na foto eu estava rindo. "Rindo de quê?", dizia a Veja na matéria que publicou. Eu nunca fiquei triste, sempre tratei todas as pessoas com alegria. Algumas pessoas podem não gostar de mim, ninguém é obrigado a gostar de mim. Mas eu não maltrato ninguém.

Vamos em frente. Vamos unificar o Brasil. Nada de ódio. Agora é paz, amor e trabalho. Vamos trabalhar para o Brasil do presente, olhando para o futuro. Temos que melhorar esse país para que os nossos netos e bisnetos tenham uma vida digna.

Quando eu partir, vou partir sonhando com um Brasil igualitário, para homens e mulheres, brancos, indígenas e afrodescendentes.

AMANDA RODRIGUES

Lawfare Nunca Mais - A Voz das Vítimas - Com Amanda Rodrigues

Transmitido ao vivo em 4 de julho de 2023

www.youtube.com/watch?v=SOogLJoeuzI

O Salvio Nienkotter me pergunta se eu me sinto vítima de lawfare. Sim, com certeza. Sofro essa guerra política híbrida que se vale da justiça para me punir sem provas, para me privar de direitos naturais, me envergonhar, me expor. É algo que, infelizmente, está sendo muito recorrente aqui no nosso país. Eu me encontrei com um recorte desse lawfare lá na Paraíba, depois de fazer parte de uma gestão que teve 87% de aprovação popular. Falo da gestão de Ricardo Coutinho, que foi Governador por 8 anos, promovendo mudanças e avanços e mantendo uma posição político-ideológica muito firme, o que não é nada fácil.

O meu encontro com o lawfare não se deu por eu ser a Amanda, mas pelo lugar que eu estava ocupando naquele momento, de esposa de Ricardo, uma vez que, quando Ricardo saiu do governo, me casei com ele. Eu havia feito parte da sua gestão, mas foi por ser casada com Ricardo que eu fui denunciada e perseguida pela justiça, assim como o foram outros companheiros. Eu acredito que eu própria não tenha muito o perfil das pessoas que sofrem esse tipo de perseguição, porque a minha história na vida pública foi muito curta, fui gestora por três anos e meio. E eles procuram pessoas que têm uma história política mais profunda. Sempre foi Ricardo e a liderança política dele o alvo final de tudo que foi feito na Operação Calvário, na Paraíba.

O que ocorreu é que, pelo fato de eu ser companheira de Ricardo, quando ele sofreu a perseguição fui incluída entre os perseguidos, porque resolvi não me calar. Resolvi mostrar algumas discrepâncias muito simples, que qualquer pessoa poderia encontrar se fosse buscar na internet. Tratava-se de algumas acusações muito medíocres que eles faziam a Ricardo. Eu expus isso na internet e, como um cala-boca, fui denunciada. Nessa denúncia nem fui qualificada, eles sequer fizeram constar o meu nome completo, endereço e outros dados, como o nome do meu pai e da minha mãe. Simplesmente colocaram lá que eu era companheira de Ricardo e por isso estava sendo denunciada. Há uma lauda no fim da denúncia em que se percebe que eles fizeram uma sequência, que vai de Ricardo às pessoas mais próximas dele. Eu sou a última a ser denunciada. O que parece é que de última hora me incluíram naquela página.

O engraçado é que eles são tão rasos, fazem uma coisa tão sem nexo que dizem na denúncia que eu, que era secretária, auxiliar de Ricardo, dei a chancela para ele cometer aquele crime. Imagina a auxiliar incentivar ou mandar o governador cometer qualquer crime que seja... É um absurdo.

O Henrique Pizzolato gostaria de saber como eu reagi ao saber que eles estavam me usando para atingir o Ricardo. Eu tive clareza disso bem antes da denúncia. Quando o Ricardo foi preso, já comecei a perceber todo aquele circo que eles haviam montado. Depois li a denúncia inteira e ela não dizia nada com nada. Em seguida, o STJ disse que a prisão dele era irregular e concedeu o habeas corpus, soltando o Ricardo. Já no outro dia a PGR (Procuradoria Geral da República) recorreu a essa soltura, dizendo que eu fazia parte da Orcrim (Organização Ciminosa), enquanto não era nem citada na denúncia que tinha ensejado a prisão dele cinco dias antes.

Quando o Ricardo foi solto, pensei que o pesadelo tinha acabado. Mas ao ver o recurso da PGR, percebi que ele tinha apenas começado. Iam fazer tudo que achassem necessário para encurralar Ricardo, para atingir a ele e à sua família. É a primeira coisa que eles fazem. Tanto que Ricardo, eu, o filho dele, as irmãs e o irmão dele fomos todos denunciados. A família inteira. E não tem quem não se abale vendo toda sua família respondendo a um processo, sendo chamada de Organização Criminosa, sem nenhuma prova, absolutamente nada. É quase impossível não se sentir atingido.

Do que eles me acusaram e como é que eu me defendi, pergunta o Pizzolato. Eles me acusaram de receber vantagens indevidas, mas não disseram quais. Não mostraram nenhuma conta bancária em que eu houvesse recebido tais vantagens, nenhuma entrega de dinheiro, nenhum fato, nada. E, como eu já disse, afirmavam que eu autorizei o Ricardo a fazer os crimes para receber vantagens, mas sem identificá-las.

Eu me defendi da seguinte maneira: primeiro fui a público através de um vídeo, dizendo que eu compreendia o que era aquilo e que não iria me calar. Expliquei que aquela denúncia não me amedrontava porque já havia sido investigada. Todo meu sigilo fiscal, bancário e telefônico já havia sido quebrado e, portanto, eu sabia que eles não tinham nada contra mim, porque não haviam encontrado coisa alguma. Aliás, não encontraram nada contra nenhum dos acusados.

Eu tenho muito claro que todos esses processos de lawfare andam junto com uma coisa chamada racismo cultural (nosso querido Jessé de Souza fala muito bem sobre isso). Então, todas as pessoas que estavam ocupando aqueles espaços na administração pública da gestão de Ricardo, inclusive Ricardo, na cabeça deles não podiam estar lá. Eram pessoas que tinham vindo de movimentos sociais. O próprio Ricardo é filho de um agricultor e de uma costureira. Só eu não vim de movimentos sociais, me encontrei com eles ali, em um outro momento. Eu vim da iniciativa privada, de outro espaço.

Enfim, me defendi dessa forma, falando. Passei também a apresentar no Brasil 247 um programa de entrevistas com vítimas de lawfare (foi assim, aliás, que encontrei o Henrique Pizzolato). Passei a fazer parte da Rede Lawfare Nunca Mais. Escrevi um livro que se chama O Outro Lado, revelando o avesso da Operação Calvário e falando um pouquinho de geopolítica, porque esses fenômenos têm todos a ver com geopolítica. E me defendi nos autos também. Pedi o trancamento da denúncia contra mim na Paraíba. No TJ (Tribunal de Justiça) obviamente eu perdi, não houve nenhum voto favorável ao trancamento. O processo subiu para o STJ, onde recentemente houve um despacho dizendo que aquela denúncia deveria estar no TSE (Tribunal Superior Eleitoral), porque a denúncia principal já havia sido enviada ao TSE e, portanto, as denúncias conexas também deveriam sê-lo. Por isso o ministro declinou de conceder o não habeas corpus. Meus advogados continuam com a teoria de absolvição sumária, porque não há nenhuma materialidade, nenhuma prova. Nenhum requisito foi cumprido para que eu pudesse ser denunciada. Essa é a linha da minha defesa.

E como a imprensa agiu diante de tudo disso? Mostrou os dois lados da moeda?, pergunta o Pizzolato. Não. A imprensa tradicional não vai nunca mostrar o outro lado da moeda, porque ela trabalha em conjunto com essa turma que pratica o lawfare. Tal qual a gente viu na Operação Lava Jato, quando os grandes meios de comunicação (e até os pequenos) estavam alinhados com a mentira. Na Operação Calvário aconteceu a mesma coisa. A imprensa tradicional só diz que você é culpado, e aquilo na verdade não é nenhuma denúncia, é uma condenação, uma sentença.

Eu compreendo que fiz parte de uma gestão, que ocupei um alto cargo e posso responder a processos. Isso é normal. Mas você responder a um processo que tem uma midiatização enorme, uma espetacularização com uma condenação prévia por parte da imprensa, sem ninguém saber o que está acontecendo de fato, é muito diferente. O que deveria ocorrer era uma investigação profunda da verdade. E se você fosse condenado com provas, aí sim a imprensa faria a matéria e, mesmo assim, deixaria você se defender. Mas isso não interessa a eles.

Na prática do lawfare a mídia é a cereja do bolo. Sem a mídia a Lava Jato não seria a Lava Jato, a Calvário não seria a Calvário. Nenhuma operação dessas teria o tamanho que teve, não atingiria o efeito que atingiu, destruindo a imagem das pessoas através da mídia. A gente sabe que existem os canais alternativos, que dão a versão correta dos fatos, mas a gente também sabe que o alcance da grande mídia e a quantidade de vezes que eles fazem a notícia repercutir no país são enormes. A gente não consegue brigar contra eles.

O Pizzolato me pergunta se eles ficaram restritos ao âmbito criminal ou também me acusaram de gestão temerária, improbidade administrativa, me levaram ao Tribunal de Contas da União, essas coisas. No meu caso, eu era secretária de Finanças. Não tinham como me acusar de improbidade administrativa. Mas eu tinha contas no Tribunal de Contas, então eles tentaram ir para cima de mim nessa questão também.

O engraçado é que eu fui secretária de abril de 2016 a maio de 2019. A gestão de Ricardo terminou em 2018, e eu continuei a trabalhar com o governador que o substituiu. Fiquei cinco meses com ele até pedir demissão. Eu era gestora de duas pastas: do Programa Empreender e da Secretaria de Finanças do Estado. E no Empreender eu já tinha contas aprovadas no ano de 2017. Ora, se eu tinha contas aprovadas em 2017 e a minha gestão foi igualzinha, não tinha como ter conta reprovada nem em 2018, nem em 2016 ou 2019. É preciso explicar que eu dividi o meu trabalho com outro gestor em 2016, porque assumi na metade do ano. Executei o orçamento que o outro gestor tinha aprovado, porque ele havia começado a gestão. E aí eles aprovaram, no TCE (Tribunal de Contas do Estado), a parte desse gestor e reprovaram a minha. Não havia motivo nenhum para isso. Então eu fiz o que sempre faço, fui para as minhas redes sociais e fiz um texto. Repeti o que acabo de contar. Isso repercutiu em alguma parte da mídia, que me deu espaço.

Eles estavam se preparando para reprovar também as minhas contas de 2018. Então fui lá e fiz a minha sustentação oral, a minha defesa.

Não sou advogada, sou contadora, mas fui à tribuna e me defendi. Antes disso despachei com todos eles. Mostrei que o relatório que pedia a reprovação das minhas contas era baseado em dados fictícios. Provei que nada daquilo ali existia, e as minhas contas foram aprovadas.

As coisas foram ficando complicadas.

Bloquearam a Brasilprev do Ricardo no processo criminal. No meu caso, relacionado ao Tribunal de Contas do Estado, eles não tinham como bloquear nada, porque não reprovaram as contas por improbidade administrativa. Diziam que era uma questão de má execução do programa, mas a acusação não envolvia cifras, não havia como fazer isso comigo.

Já no caso do Ricardo, no Tribunal de Contas eles não podiam pedir nenhum bloqueio porque ele não era ordenador de despesas. As contas do governador só podem ser reprovadas por índices de educação e saúde. Mesmo assim eles bloquearam todos os bens de Ricardo e o seu Brasilprev lá no fórum criminal. Era a única maneira de fazer essa manobra.

No meu caso não houve bloqueio de bens. O que eles tentaram comigo foi me desestabilizar e dizer que eu também era criminosa, que estava tendo minhas contas reprovadas. Mas como eu os enfrentei, como fui lá e sustentei a minha defesa, aprovaram as minhas contas de 2018. Quanto às de 2016, eu pedi reconsideração. Estou esperando ainda para ver o que é que vai acontecer.

O Salvio lembra que o Ricardo fez dois mandatos incríveis como governador, com 87% de aprovação. Já tinha feito mandatos fantásticos na Prefeitura. Como deputado, como vereador também foi assim. Mas quando, no final desses dois mandatos como governador, ele resolve não ser candidato, decide descarregar todo o seu capital político no novo governador, o João Azevedo, para o qual eu trabalhei em 2019 durante cinco meses. E me pergunta se o João Azevêdo tem participação nesse processo de lawfare contra nós, se houve uma traição política.

Sim, houve. Mas a única coisa que eu posso dizer (e aí vocês tirem também as suas próprias conclusões) é que o único ato ilícito encontrado nesse processo inteiro foi um valor em dinheiro que foi entregue para a campanha do João Azevêdo. A pessoa que entregou o dinheiro disse que era para campanha dele, e a pessoa que recebeu o dinheiro afirmou que fez pagamentos para a mesma campanha. Os fornecedores que receberam o dinheiro também disseram a mesma coisa. Então eu acho que quem deveria ter perdido o mandato ou deveria ter sido processado e sofrido qualquer coisa era o João. Foi ele quem se beneficiou desse ato ilícito.

O dinheiro foi entregue em uma caixa, no Rio de Janeiro. Um rapaz o recebeu para pagar a campanha do João. O Ricardo não era candidato, eu não era candidata, a Márcia Lucena não era candidata, nem a Estela Bezerra nem ninguém do nosso grupo. Foi comprovado que o dinheiro era para a campanha dele e não aconteceu nada. Para um bom entendedor meia palavra basta.

Percebe-se que ele deve ter recebido uma pressão e participou de tudo isso da forma que podia. E deveria ter perdido o mandato. Como é que alguém que não é candidato, que não se beneficia de nada é culpabilizado? Ricardo sofreu até uma denúncia a mais por conta do recebimento desse dinheiro, imaginem.

O Pizzolato pergunta se eu fiquei supresa com essas denúncias contra o Ricardo, uma vez que sofri até a perda de uma gravidez. E se considero esse método deles uma tortura, como diz o Gilmar Mendes.

Estamos conversando em 2023. Tudo isso começou a acontecer em 2019. O couro da gente vai ficando grosso. A gente vai passando por muita coisa mas vai também superando o que passou. No entanto a pressão psicológica é enorme, não é brincadeira. A toda hora há uma matéria na imprensa, dizendo que vão prender o seu marido, que ele roubou, que você roubou. Você sofre um monte de processos, vêm muitos oficiais de justiça à sua casa. Você tem que lidar com a Justiça Eleitoral, com o Tribunal de Contas, com a justiça criminal. Tivemos que lidar com as ações de improbidade administrativa que eles fizeram contra Ricardo... Isso tudo reverbera nas pessoas de formas diferentes. Comigo foi pesado. Os companheiros todos também estavam acabados. Eu lhes dava força, mas aquilo tudo que nos fazia mal eu somatizei. Adquiri fibromialgia, sinto dores até hoje pelo corpo inteiro, inchaço. Fiquei sem andar. Há dias em que a minha mão não abre, fica toda dolorida. Meu cabelo caiu. Fiquei grávida mas, sob tanta tensão, com cinco meses de gestação minha bolsa estourou. Sou saudável, nada ameaçava minha gravidez. Já havia tido outros dois filhos que nasceram de gestações normais, durante as quais eu trabalhei até a hora de ir para maternidade. Foi o estresse que entrou no meu corpo e fez a minha bolsa estourar. Meu bebê nasceu de parto normal, o coraçãozinho ali batendo forte, mas ele faleceu imediatamente, porque ainda não estava formado. Não tinha como sobreviver.

Respondendo à sua pergunta, isso é sim tortura causada pelo lawfare. Você adoece. Psicologicamente falando, você sofre rupturas, certos elementos importantes do seu equilíbrio psíquico somem e não voltam mais.

Eu passei mais de um ano sem dormir, esperando a polícia invadir a minha casa. Lembro que, quando fez um ano da primeira busca e apreensão, da deflagração da Operação Calvário, eu não consegui dormir e às quatro horas da manhã saí para a rua. Fiquei vagando pela cidade, achando que eles iam invadir a nossa casa novamente. Voltei, tirei meus filhos de casa naquele dia, tamanha era a preocupação. Isso são transtornos psicológicos, sem dormir você cria ansiedade, medo, não consegue comer.

O lawfare é uma tortura diferente, psicológica, mas traz danos iguais à tortura física da ditadura militar. Porque a pessoa é destruída na frente de toda sua família. Quando colocam uma tornozeleira eletrônica num pai, os filhos ficam vendo o objeto humilhante todo dia. O coleguinha da escola fala sobre isso com eles, sai notícia na imprensa. Então a família inteira sofre abalos que não têm solução. Não têm.

Eu perdi meu filho, Márcia perdeu o pai dela. Um outro rapaz também perdeu o pai, que teve um infarto na hora em que ele foi preso. E esse rapaz foi preso porque o superior dele disse que fazia as coisas porque o rapaz mandava, uma coisa que não tem o menor cabimento. A mãe de Estela foi revirada na cama, com Alzheimer, para fazerem a busca e apreensão, e isso acelerou o processo degenerativo da doença. Enfim, vários outros companheiros têm histórias similares para lhes contar.

Pizzolato me conta que o José Genoíno disse que a diferença entre a ditadura militar e o lawfare é que na ditadura a tortura começava pelo corpo para atingir a alma, enquanto no lawfare é o contrário. Concordo com o Genoíno. O lawfare começa pela alma e atinge o corpo. Eles vão criando tantos ataques que você somatiza a violência psicológica.

Entram nessa conta também questões econômicas. As pessoas vêm seu dinheiro e seus bens bloqueados, depois não conseguem mais trabalhar, porque qualquer um faz uma busca e encontra vários processos contra elas. E geralmente isso acontece com pessoas de cabelos já brancos, com uma bagagem maior, o que torna mais difícil se recolocar no mercado de trabalho.

Por tudo isso, eu posso dizer que esse é um grande mal que assola o nosso país. Aliás, assola a América Latina inteira. Estive recentemente na Venezuela e soube de um diplomata que estava fazendo relações internacionais para comprar medicamentos para o seu país. Ele está preso há três anos nos Estados Unidos. Está lá sendo torturado, não pode sequer fazer um tratamento médico importante para ele.

É assim: eles querem te matar, mas sem te dar um tiro ou uma facada. Querem que você simplesmente desapareça do mapa. Vão fazendo isso aos poucos.

O Salvio me pergunta se eu acho que houve alguma mão estrangeira, um braço longo nesse caso da Operação Calvário, como na Lava Jato.

Essas operações todas não são distintas, elas se cruzam em algum momento. Aconteceram para derrubar lideranças de esquerda que estivessem se sobressaindo no plano nacional e na América Latina. No caso da Operação Calvário, quem era a liderança? Ricardo Coutinho. As pessoas que estavam próximas dele foram atingidas, mas o principal alvo era ele. Na hora em que o Pizzolato foi atingido pelo lawfare, ele não era o foco. Eles queriam chegar ao Lula. Assim, não posso dizer que houve uma estratégia específica para esta ou para aquela operação. Mas havia uma engrenagem em movimento para derrubar as lideranças que incomodavam. Esse mecanismo simplesmente vai cercando a pessoa que eles querem atingir, até chegar a ela. A questão é: como essa engrenagem foi criada?

O Joaquim Barbosa iniciou o lawfare. Ele criou a teoria do Domínio de Fato: "você não fez nada mas você sabia". Então começa a condenar as pessoas pelo simples fato de dizer que elas sabiam, uma coisa completamente abstrata.

Esses processos todos têm muitas páginas, 500, 600. Mas se você tem uma prova, não precisa de 600 páginas para condenar alguém, não precisa de uma narrativa. Se você tem prova de que eu recebi uma vantagem ilícita, no dia tal, e mostra o caminho do dinheiro e o que eu fiz com ele, basta me condenar e depois me prender por isso. Mas o que a gente vê em todas essas operações são narrativas desencontradas, em que a própria Justiça se desdiz. Coisas malucas que, por conta de teorias como a do Domínio de Fato e da narrativa criada e amplificada pela imprensa, nos condenam antecipadamente.

Que bom que o nosso Supremo Tribunal de Justiça está percebendo e reconhecendo essas operações. Mas eu penso que eles precisam ser mais enérgicos. Não podem agir sobre uma operação e deixar outras de lado, com pessoas cumprindo pena por algo que não aconteceu. Agem, por exemplo, sobre a Lava Jato e deixam a Operação Calvário, que é similar, continuar em curso. Isso tem que ser estancado de uma forma generalizada. Eles têm que avocar para si todas essas operações, analisá-las e estancar o fogo. Se uma só labareda ainda estiver acesa, ela vai continuar causando incêndio, que vai atingir outros estados e outras pessoas.

São coisas tão absurdas que a gente às vezes não sabe nem como é que aconteceram. É até difícil de contar para alguém, ninguém acredita. Eu acredito no que aconteceu comigo e com a minha família porque vi, vivi. Pizzolato também. E nós acreditamos um no outro porque passamos por coisas similares. Mas é muito difícil uma pessoa que não passou por algo semelhante acreditar que você foi presa por um crime que não podia ter cometido, porque você não era gestora; ou que passou dois anos de tornozeleira eletrônica sem motivo algum. Isso não era para ser possível.

É uma coisa tão risível que, quando a gente conta o que aconteceu, as pessoas perguntam se não temos advogado, por que não entramos com habeas corpus etc. Eu sempre explico que tenho advogado, que já fiz isso e aquilo, mas a sentença não posso dar. As pessoas têm a ideia de que a gente não está se defendendo ou que a nossa defesa é muito ruim. Mas, obviamente, não se trata disso. As defesas mostram tudo, demonstram tudo, mas não adianta.

O Pizzolato lembra que o Joaquim Barbosa inaugurou um período, na mais alta Corte do Brasil, de fraude processual. Isso liberou a fraude para o Brasil inteiro. Ele escondeu prova, fabricou teorias, fez tudo o que era ilegal e corrompia processos. Em resumo, como diz a Gisele Cittadino, o que ele fez foi uma delinquência judicial. Só que, com o respaldo da mídia e o poder da marca STF, essa delinquência foi pulverizada, terceirizada. Surgiram franchisings, na Paraíba, no Rio, em Curitiba, em São Paulo, em Brasília. Porque todo mundo quer puxar o saco do mais forte. E agora estão tentando lavar o currículo e fugir pela porta dos fundos para não aparecer na foto. Mas eles deixaram isso tudo acontecer.

Num caso como o da Operação Calvário, era para o Conselho Nacional de Justiça baixar uma intervenção e colocar todos esses caras na berlinda, diz o Pizzolato.

Sim, é algo tão surreal que dois repórteres, Eduardo Reina e Camilo Toscano, resolveram fazer um documentário sobre a Operação Calvário. Chama-se Justiça Contaminada. Eles ouviram as vítimas, mas também pediram para ouvir o Ministério Público e o Tribunal de Justiça, que já haviam dado várias entrevistas sobre a Operação Calvário mas para o documentário não quiseram se pronunciar. O desembargador da Operação entrou na justiça pedindo a censura do documentário. Já havia feito isso contra um livro que falava do mesmo tema. Como a turma do Tribunal de Justiça negou o pedido, ele utilizou o Juizado Especial, porque eles estão utilizando os juizados especiais para censurar jornalistas. O juiz decretou a censura do documentário. Depois os jornalistas entraram com uma reclamação no STF e a censura caiu. O Edson Faquim deu a liminar, que foi referendada no Pleno.

Eles querem nos calar de todas as formas e, quando alguém tenta mostrar o que eles fizeram, dizem que a sua imagem está sendo atacada. Mas eles atacaram a nossa imagem o tempo inteiro e a gente não pôde reclamar disso, porque supostamente eles estavam "fazendo o trabalho deles".

Conversando com meu advogado esses dias eu disse o seguinte: se um jornalista fere ou ataca a imagem de alguém, desrespeitando a ética jornalística, ele vai ser penalizado; se um médico faz uma cirurgia de catarata de um jeito próprio, sem seguir a ciência, e deixa o paciente cego, ele vai ser penalizado. Mas o juiz, se fizer algo semelhante, fica ileso. Ele tem que seguir a Constituição, existem o Código Civil, o Código Criminal e o Código Eleitoral para serem seguidos, mas no nosso país o juiz pode desrespeitar tudo isso sem ser punido. A punição, quando acontece, é ele ser aposentado compulsoriamente. Aí ele fica em casa recebendo a grana do salário.

O Pizzolato quer saber qual minha expectativa como alternativa para essa situação, como e quem deveria resolver isso.

Bem. Se eu falasse que o Congresso deveria criar uma legislação para penalizar juiz e promotor, estaria sendo utópica. Mas o que resolve o malfeito é punição. Isso, porém, não vai acontecer. Eu acho que no mínimo o Governo deveria criar um Observatório para analisar esses casos, para lançar luz sobre eles. Uma luz que tenha a mesma força que o Judiciário tem, ou seja, a força institucional do Governo. Se o governo criasse um Observatório para que as pessoas que sofrem lawfare tenham para onde ligar e fazer denúncias, um lugar que escute as vítimas e verifique se o que elas dizem é verdade, aí sim a gente poderia tentar diminuir esses casos. Mas enquanto nós, vítimas, tivermos que escrever livros, participar de documentários, ir falar num programa no YouTube ou nas nossas redes sociais, continuaremos vulneráveis. Claro que a força das pessoas juntas traz algum resultado, mas é muito pequeno. Enquanto a gente está gritando aqui, há muita gente sofrendo em consequência de lawfare pelo país.

Aliás, se você for conversar com membros do Judiciário sobre o assunto, muitos não saberão o que é lawfare. Eles vão dizer: "Lou o quê?". Às vezes eu conto a um advogado que escrevi um livro sobre lawfare e percebo que ele não sabe nem do que se trata. Por isso, nós, vítimas, além de pagar advogado a vida inteira, gastando todo o dinheiro que temos, precisamos nos mobilizar para fazer ecoar o ataque a que estamos submetidos, para chamar a atenção de outras pessoas, de outros atores para eles que saibam que você existe, entendam o problema e tentem de alguma forma nos ajudar. Nós somos pessoas lutando contra instituições inteiras. Sendo que essas instituições, como o Conselho Nacional de Justiça e o Conselho Nacional do Ministério Público, a cada denúncia que fazemos contra elas abrem uma nova ação e nos obrigam a ter mais um advogado para nos defender. Porque a luta é contra instituições extremamente corporativistas.

O Salvio recorda que o Mensalão tinha um objetivo claro, que era destruir o governo popular do Lula. Que a Lava Jato tinha vários objetivos, mas um dos maiores era acabar com o Lula, pegando a Petrobras e acabando com a Odebrecht. No caso da Operação Calvário, qual é o principal interesse? É só destruir a figura proeminente do Ricardo Coutinho ou há outros interesses por trás, que não aparecem na mídia?, pergunta o Salvio.

Quando eu falo a você que essas operações envolvem geopolítica, é porque elas estão todas interligadas. Quando Dilma sofre o golpe, Ricardo a leva à Paraíba, depois que ela já havia sido caçada pela Câmera. Levou-a a uma sessão da Assembleia Legislativa para um ato público. Estava portanto afrontando quem golpeou Dilma. Depois, quando o presidente era o Temer e o Lula começava a ser perseguido, houve a inauguração de uma parte da principal obra que os governos de Lula e Dilma fizeram no Nordeste, a transposição do Rio São Francisco. Ricardo era governador da Paraíba. O Temer então descredibiliza o trabalho de Lula e de Dilma. E o Ricardo os defende, dizendo que aquela obra era resultado do trabalho deles, com uma participação mínima de Temer. Ou seja, o Ricardo afronta novamente quem deu o golpe. Nove dias depois, leva Lula Dilma e todo o PT para a cidade de Monteiro, onde faz a inauguração popular da transposição do São Francisco. Mais de 100 mil pessoas foram receber o presidente e a presidenta. Isso não é pouco, num momento em que todos os políticos, inclusive do PT, estavam escondidos. É preciso dizer que vários governadores do PT, que hoje são ministros de Lula, não foram àquele ato. O Ricardo, que naquele tempo nem era do PT, era do PSB, fez um ato, não para si, mas para mostrar que o PT estava vivo. A partir daquele momento o Lula passa a fazer caravanas pelo Nordeste.

O Ricardo fez uma defesa muito firme da democracia. Ele foi um político de um estado chamado Paraíba, lá no Nordeste, um político que teve a ousadia e defender com unhas e dentes a democracia.

Quando o Lula teve a prisão decretada em primeira instância, Ricardo foi visitá-lo imediatamente, para lhe dar apoio, e fez repercutir esse gesto na imprensa. Eu estava junto com ele. E quando o Lula foi efetivamente preso, o Ricardo articulou com os governadores do Nordeste outra visita ao presidente. Alguns desses governadores não quiseram ir. Outros foram porque o Ricardo disse: “Se vocês não forem, eu vou”. E eles foram lá, em Curitiba, mas não conseguiram visitar o presidente. Depois, o Ricardo fez outras visitas. Foi visitá-lo também quando o Lula foi solto.

Ricardo era uma liderança que articulava a esquerda no Nordeste. Apesar de não ser do PT, quando o partido dele, o PSB, resolveu não apoiar o Haddad e liberar os seus correligionários para apoiar quem quisessem, o Ricardo apoiou o Haddad contra o Bolsonaro. Fez grandes movimentos na Paraíba com o Haddad.

Ricardo era uma importante liderança do Nordeste que, como a gente diz na Paraíba, foi muito "atrevido". Defendeu a democracia com unhas e dentes, quando outras lideranças que estavam do mesmo lado não fizeram esse movimento.

Tirar um líder desses do cenário é extremamente importante para a engrenagem da direita, porque ela sabe que ele vai estimular outras lideranças de esquerda.

Eu me recordo de outro fato. O presidente Lula estava preso e Bolsonaro parou a obra da transposição. O Ricardo mais uma vez articulou um movimento em Monteiro, o qual inclusive foi boicotado pelo atual governador, João Azevedo, que é o presidente do Consórcio Nordeste. Bem, o Ricardo se opôs à paralisação da obra da transposição lá em Monteiro, com a presença de Gleisi Hoffmann, de Fernando Haddad e de outras pessoas do PT. Esse movimento foi ideia de Ricardo. Uma liderança desse porte, desse tipo, no momento em que o país está tendo a sua democracia atacada, precisa ser expurgada da política. Se não for pelas urnas, se não for pela vontade popular, não há saída melhor do que usar a Justiça. Fizeram isso com o presidente Lula, através da "Justiça": tiraram o Lula da disputa eleitoral, porque ele certamente seria o presidente e não o Bolsonaro. Se eles não tivessem feito isso, o nosso país não teria passado por tanta desgraça como passou. Não teríamos tido tantas mortes na pandemia, tanta destruição da democracia, tanto desmatamento, não perderíamos tantos direitos como perdemos.

O Pizzolato pergunta como é que nós nos viramos com os custos de advogados e como ficou a nossa vida profissional.

Eu vim da iniciativa privada, sempre trabalhei. Fui emancipada com 17 anos para assumir responsabilidade empresarial. Era empresária e estava estabilizada quando fui para a administração pública. A partir do momento em que saí da administração pública, voltei para a administração privada, na qual eu sou minha chefe. Continuei a trabalhar graças a isso. Mas de alguns eventos para os quais eu era convidada, até por pessoas de fora da Paraíba, eu fui afastada, porque era casada com Ricardo. Um exemplo: eu havia sido entrevistada para fazer parte de um livro, como inspiração para empreendedores e gestores públicos, e os organizadores me tiraram desse livro. Perdi espaço, em vários momentos fui vetada por ser casada com ele. Se eu não tivesse a minha estabilidade de antes de entrar na política, se eu fosse apenas gestora pública, ficaria bastante tempo sem trabalhar.

Outras pessoas, como a Márcia Lucena, até hoje não foram recolocadas no mercado de trabalho. Ricardo saiu do governo e passou dois anos na Fundação João Mangabeira, que era a fundação do PSB, porque depois da Operação Calvário o partido o apoiou. E ele é aposentado, como servidor público federal.

Antes de bloquearem a previdência dele, o Ricardo conseguiu pagar uma parte dos custos com advogado. Depois, tinha o salário da Fundação. E assim ele conseguiu pagar boa parte. O restante eu o ajudei a pagar com os meus recursos, e os familiares se reuniram também para ajudar. Foi bem difícil, mas todo mundo deu apoio.

Eu não tenho expectativa de ser indenizada por tudo isso. Sei que tenho direito à indenização. Sei também que o Estado brasileiro deveria me pedir desculpas.

A indenização não pagaria tudo que eu passei, tudo que eu perdi, mas faria alguma justiça ao absurdo que eu enfrentei. Isso deveria acontecer não só comigo, mas com todas as vítimas de lawfare. Todos nós deveríamos ser indenizados. E ovacionados, porque nós somos sobreviventes. Não era nem para a gente estar aqui falando sobre isso.

E o pedido de desculpas tem que ser feito enquanto eu estiver viva. Tem que ser feito a mim, não aos meus filhos postumamente. Os meus filhos não precisam receber desculpa, depois que eu morrer, pelo que me fez sofrer a vida inteira. "Olha, desculpa o Estado brasileiro por ter feito aquilo tudo com a sua mãe, que pena." Isso eu não aceito, já aviso agora.

Que conselhos eu daria aos filhos e amigos e se eu faria tudo de novo, pergunta o Pizzolato.

Pra mim a vida não é para quem tem medo. Quem tem medo nem precisa viver. Além disso, eu não podia fazer outra coisa. Primeiro porque não fiz nada, eu servi ao meu estado da Paraíba. Eu tenho uma capacidade de trabalho enorme, que dediquei ao meu estado. E não foi por dinheiro. Trabalhei por três anos e mais de um ano de salário foi usado para pagar multas sem fundamento e advogados. Eu sei o que eu fiz, sei quanto contribuí e me orgulho disso; meus filhos se orgulham disso também.

Então eu viveria tudo de novo da mesma forma, porque não fiz nada de ilegal, nada contra ninguém. Fui uma das mãos que ajudou a construir o meu estado. Lutei pela eleição do presidente Lula. Não me arrependo de nada. Eu acredito na democracia, acredito que as políticas públicas podem mudar a vida das pessoas. Aliás, é só através da política que você pode fazer uma grande mudança na vida das pessoas. Enquanto empresária, por mais que eu tenha responsabilidade social, vou beneficiar dez, cem pessoas que sejam. Já a política muda muita coisa para muita gente. Como Ricardo mudou, acabando com isolamento asfáltico no estado da Paraíba, construindo catorze hospitais, fazendo escolas em tempo integral, mandando os filhos do povo para o exterior passarem seis meses com tudo pago pelo Estado, trazendo dignidade ao colocar água na casa das pessoas etc.

Se eu fosse ignorante, tudo bem, podia até ter medo, mas a partir do momento em que não sou, em que sei que posso participar de um projeto revolucionário, do que é que vou me arrepender? Quem tem que se arrepender é quem me perseguiu. Esses têm que ter vergonha, não fazer isso novo e dizer aos outros para não fazerem o que fizeram. Eu não preciso ter vergonha de absolutamente nada, nem dar conselho a ninguém para não fazer o que eu fiz. Só tenho de que me orgulhar. Faria tudo outra vez.

O Salvio lembra que na 13ª Vara da Justiça Federal de Curitiba, depois de passarem por ela o Moro e a Gabriela Hardt, houve uma virada com o Rogério Favreto. Ele pelo menos tentou dar uma movimentada grande no processo. Está sofrendo ataque, mas o que fez já surtiu um grande efeito. Existe esperança de que surja um Favreto, alguém com mais dignidade na Justiça paraibana?, pergunta o Salvio.

Na Paraíba quinze juízes se averbaram suspeitos para julgar o processo. O ato de coragem na Paraíba é se averbar suspeito. Nunca dizem: "Eu não concordo com isso". A forma de eles dizerem que não concordam é pegando o processo e jogando para o próximo juiz.

A Paraíba é um estado muito pequeno. E no Judiciário todo juiz é primo de outro juiz, que é irmão de outro juiz que é primo do promotor. Além de serem corporativistas, eles vêm de duas ou três famílias, as quais dão conta do Judiciário inteiro. Então o ato de coragem é se averbar suspeito e nem dizer o motivo. Apenas dizem que é por motivo de foro íntimo. Eu fico brincando que, na Justiça da Paraíba, vai ficar todo mundo banguela e esse processo não sairá do lugar, sempre sem uma única decisão favorável.

Mas eu preciso ser justa: nos Tribunais Superiores nós estamos nos encontrando com a justiça. Desde o momento em que a prisão de Ricardo foi revogada, decretada ilegal, a gente vem se encontrando com a justiça. De forma lenta, morosa, como é a justiça aqui no nosso país, mas tem acontecido.

Porém, na Justiça da Paraíba, qualquer decisão que favoreça esses réus só acontece quando não há mais o que eles fazerem. Por exemplo: depois de jogarem o processo para cá e para lá, mesmo o STF tendo dito que aquela aquela denúncia era para tramitar na Justiça Eleitoral, eles continuaram insistindo em fazer confusão. Mandaram para o TJ, devolveram para o TRE. Depois resolveram mandar o processo para o TSE... O ministro do TSE emitiu uma decisão bem dura, praticamente perguntando o que eles estavam fazendo que não julgavam o processo. Em abril (de 2023) eles começaram a sinalizar que vão começar a julgar as cautelares. São cautelares de deslocamento que existem há quatro anos... As pessoas têm que se apresentar todos os meses, ainda com o seu material, levado pela busca e apreensão, retido lá. É o cúmulo da ilegalidade. Uma cautelar não pode passar de um ano. Agora eles vão decidir alguma coisa porque não têm mais o que fazer. Qualquer coisa, nem que seja revogar uma vírgula de uma cautelar. Como está muito feio, como já passou do limite não fazer algo que beneficie os réus (que eu nem posso chamar de réus, essas pessoas devem ser chamadas de sequestradas ou algo parecido), eles precisam fazer algo. Porque o processo já voltou do Ministério Público. São absurdos em volta de absurdos. Os processos rodam, rodam, rodam e vão parar nas mãos das mesmas pessoas.

Na Paraíba as coisas só serão resolvidas, talvez, com as novas gerações, num futuro longínquo. Eu não tenho a menor esperança de que apareça lá um juiz como o Favreto apareceu em Curitiba.

Eles foram longe demais com mentira. Então, a partir do momento em que voltarem atrás, vão estar declarando que não estavam certos. Não podem voltar atrás.

O Pizzolato afirma que os caras do Ministério Público, recebendo o salário que recebem, tendo a posição social que têm, usarem estrutura do estado para fazer o que fazem é inaceitável. E que, aliás é o que o Gilmar Mendes mesmo disse, depois de por tanto tempo de ter sido cúmplice dos bandidos. Concordo plenamente.

Primeiro eles grampearam meu telefone. Fiquei um tempão grampeada. Não poderiam ter feito isso, como todos nós sabemos. A justificativa era a de que havia a suspeita de que Ricardo usava o meu telefone. Depois desse tempo todo, o relatório diz que o Ricardo não usava o meu celular, que só eu o usava e que não havia nada que eu dissesse conectado à Operação Calvário. Mas eu deveria continuar grampeada, porque agora iria fugir do país. De onde eles tiraram que eu ia fugir do país não faço a menor ideia. Inclusive já saímos do país e voltamos.

Numa das denúncias que fazem contra Ricardo, mencionam um laboratório farmacêutico do estado da Paraíba, o LIFESA, um laboratório público-privado em que 51% pertence ao Estado e 49% a uma empresa privada. A finalidade desse laboratório era fazer com que o Estado conseguisse comprar medicamento mais barato. Além disso, 51% do lucro voltava para o estado. Na denúncia eles disseram que Ricardo tinha uma gana tão grande de roubar que o laboratório vendia mais barato do que a indústria privada. Disseram que era crime o estado estar comprando medicamento do próprio estado mais barato do que compraria na indústria. Uma piada.

Em outra denúncia dizem que Ricardo é tão rico, tão rico que na casa dele tem energia solar. Eu nunca vi rico se preocupar em ter energia solar, que é uma alternativa para quem quer gastar menos com energia. Além disso, rico não se preocupa com a questão ambiental, gasta energia de alto impacto ambiental o dia todo, sem dar bola pra isso.

Fizeram um monte de operações de busca e apreensão, não encontraram dinheiro em canto nenhum. Não se pode brincar com a vida das pessoas dessa forma. Estou falando de promotores que recebem um alto salário, e quem paga esse salário somos nós. Estou falando de juízes e desembargadores que repetem a denúncia e a aceitam. Eles não têm nenhum juízo de valor. Estou falando de uma audiência de custódia televisionada, na qual um juiz olhou para a Márcia e perguntou se ela sabia por que estava lá. Ela disse que não sabia, que queria saber, e ele disse que a justiça não tinha nada que dizer a ela, que ela é que tinha que dizer à sociedade os crimes que tinha cometido. Na audiência de custódia ela já estava condenada pelo juiz.

Márcia passou dois anos sem fazer um tratamento de câncer. Alguém pode perguntar se o advogado não pediu para que eles a autorizassem a fazer o tratamento. É claro que ele pediu, é óbvio. Provou que ela precisava fazer aquilo. Mas, por dois anos, a justiça não analisou o pedido de habeas corpus. Por dois anos, e ela com câncer! E se Márcia morresse, o que aconteceria com o juiz? Nada, não ia acontecer absolutamente nada.

Isso ocorre no nosso país, debaixo do nosso nariz, todos os dias. Eles fazem com que nós, vítimas, pareçamos culpadas. Pizzolato só pode ter feito alguma coisa, Ricardo só pode ter feito alguma coisa. O senso comum é esse, se fomos denunciados pela Justiça fizemos alguma coisa. Óbvio que não fomos denunciados de graça, pensam as pessoas.

A população precisa abrir os olhos. Para isso, precisa saber que isso existe e, quando surgir alguém, não importa de que partido ou em quem votou, passando por um processo midiático, antes de falar qualquer coisa deve procurar saber o que aconteceu. Porque, por trás de muitos processos midiáticos, tem alguma coisa que não é correta. Aliás, se a operação é efetiva, se tem provas, não precisará de mídia, a Justiça por si só resolverá a questão. Por outro lado, se a mídia está muito interessada no processo, é porque está faltando algum componente judicial.

O Salvio quer saber o que eu penso a respeito do que sofri, eu que estou acostumada a pensar na coletividade, quando estou sozinha, nos meus momentos mais íntimos.

Posso dizer que eu tenho muita preocupação com o que acontece no nosso país. Porque, enquanto cidadã, enquanto alguém que viveu isso na pele, sei que é tudo muito pesado. Muitas pessoas não aguentam o baque. A injustiça é uma coisa que fere, que dói muito. Algumas vítimas vão fazer como o reitor (da UFSC) Luis Carlos Cancelier, que se atirou de um prédio, e outras vão morrer para a vida, vão continuar vivas mas se sentirão mortas. Então eu tenho realmente uma profunda preocupação com isso que acontece, não só aqui no Brasil, mas na América Latina como um todo.

Preciso dizer também que, a partir de um dado momento, você começa a enxergar a vida de uma forma diferente. Você não é mais sozinha, é uma pessoa que só pensa na coletividade. Eu não penso mais só em mim faz muito tempo. Não sou mais só. Por isso não sei dizer sinceramente o que é que eu penso só para mim. Não penso em nada só para mim, porque aprendi a ver as coisas de outra forma, muito além da individualidade. Acho muito mais interessante enxergar a vida como um coletivo, um conjunto de pessoas. Se eu quisesse enxergá-la só para mim, tinha catado meus filhos, colocado debaixo do braço e ido para outro canto. Eu sou jovem, tenho uma grande capacidade de trabalho e poderia ter feito isso. Mas não, não quero esse caminho solitário.

Lutei para que o presidente Lula fosse eleito, porque acho que o Brasil começa a ter outra ordem. Denunciei muitos casos de lawfare contra outras pessoas. E penso que tudo isso passa pelo reestabelecimento da democracia. Só assim os poderes poderão voltar para suas caixas e para os seus locais de fala corretos. Hoje só penso no coletivo. Não sei dizer o que penso só para mim.

Por conta da minha estrutura pessoal, eu posso ter passado por essa injustiça toda melhor do que outras pessoas, que talvez sofreram até menos do que eu. Mas eu consegui, tenho uma resiliência, que não sei explicar de onde e por que vem. Esse modo de ser me faz encontrar um lado bom em todas as coisas por que eu passo.

Como é que eu vejo a importância da Rede Lawfare Nunca Mais nesse momento, me pergunta o Salvio.

A Rede Lawfare Nunca Mais é Pioneira no Brasil e na América Latina. Ela é de extrema importância. Primeiro uniu várias pessoas com histórias de luta muito distintas, mas que ao mesmo tempo se parecem. Através dessa rede a gente está conseguindo chegar às OABs, está sendo visto por outras instituições. Estamos lutando contra instituições pesadas, por isso precisamos nos unir. Sozinhos, eu, por exemplo, ou o Pizzolato, não conseguimos muita coisa. Essa é a força da Rede.

A Rede teve seu lançamento na UnB (Universidade de Brasília), com grandes juristas participando, juristas que lutam pela democracia. Naquele momento eu lancei meu livro, Pizzolato lançou o dele, outros livros foram lançados. A Rede esteve agora na Venezuela, representando o Brasil num evento internacional, falando de lawfare. A Rede foi à Argentina. Ela está ganhando espaço no Brasil e fora do Brasil. A gente só consegue isso porque está organizado, instituído, temos uma diretoria, muitos membros, material de campanha. Se tivéssemos incentivo, doações, estaríamos fazendo seminários. Pizzolato estaria viajando pelo Brasil, eu e muita gente também, para falar da Rede, para trazer mais pessoas para a nossa luta.

Fizemos um movimento agora muito importante, junto com a FENED (Federação Nacional dos Estudantes de Direito), de capacitação sobre lawfare. Trouxemos outras pessoas para esse cenário.

A Rede é fundamental para que a gente possa dar apoio às vítimas e oferecer suporte uns aos outros. E para que possamos divulgar esse mal que é o lawfare, um câncer. Ele vem corroendo as instituições no Brasil. A Rede é importante inclusive para trazer segurança jurídica para o país. Porque, quando desacreditamos na nossa Justiça, em função de alguns membros do Judiciário e do Ministério Público estarem fazendo horrores com os poderes, eles que são tão relevantes para a democracia, para a organização da sociedade, para o país, estamos perdendo muito.

A Rede é um diferencial. Tem sido. Eu tenho certeza de que vamos conseguir avançar. Vamos ter o nosso Observatório como realidade. No orçamento participativo do Governo, foi uma proposta bem apresentada e bem votada. Chegamos ao Ministério da Justiça, ao Ministério dos Direitos Humanos. Acho que está faltando bem pouco para a Rede se firmar ainda mais e estar com o Observatório na rua, para que a gente possa receber os casos de lawfare e encaminhá-los da forma como merecem.

Lawfare Nunca Mais - A Voz das Vítimas

AGNELO QUEIROZ

Lawfare nunca mais - A voz das vítimas - Com Agnelo Queiroz

Transmitido ao vivo em 25 de julho de 2023

www.youtube.com/watch?v=Xxq8zzkaq_E

A primeira pergunta vem do Salvio Nienkotter. Ele quer saber se eu me sinto vítima de lawfare. Sim, me sinto. Vítima no sentido mais clássico do lawfare. Eu vi um sistema de Justiça, que inclui o Ministério Público e a Polícia Federal, sendo utilizado para destruir a minha imagem, a minha pessoa junto à opinião pública. Sofri também um estrangulamento financeiro absurdo, porque no primeiro processo os meus bens foram colocados em indisponibilidade. E eles utilizaram a mídia o tempo inteiro para consumar a minha destruição.

Vou dar um exemplo mais objetivo. Eu fui governador do Distrito Federal entre 2011 e 2014. Em 2017, recebi uma ordem de prisão, feita por uma delegada da Polícia Federal. Eu não estava condenado a absolutamente a nada, não era réu e ela nunca tinha sequer me ouvido. A primeira medida foi me prender. Quando a delegada chegou à minha casa, logo depois da imprensa, que chegou primeiro, eu perguntei a ela qual era o motivo de eu estar sendo preso. Ela disse que era uma prisão para investigação. Isso não poderia ser aplicado a ninguém da sociedade. Mas em se tratando de uma pessoa pública, que tinha acabado um mandato como governador, a primeira medida de uma suposta investigação ser a prisão deixa imediatamente claro o objetivo: lawfare, a destruição do adversário politico. Uma atitude bárbara, contra qualquer princípio do direito.

Investigação é chamar a pessoa para ouvi-la a respeito de uma acusação, é ouvir todas as partes envolvidas. E no meu caso a acusação, feita pela delegada, foi muito estúpida, absurda. A denúncia era sobre o Estádio Nacional Mané Garrincha, uma acusação de superfaturamento de 900 milhões de reais na construção do estádio, uma coisa sem sentido. Tanto é que nunca provaram coisa alguma e esse processo hoje está na Justiça Eleitoral. Era tão frágil a denúncia, devido ao seu interesse exclusivamente político, que o Ministério Público recebeu a peça da delegada, em meio àquele ambiente de justiceiros, e precisou de um ano para refazer o que ela fez. Porque a delegada me acusava de participar de uma organização criminosa junto com o meu maior adversário político de Brasília, que era o ex-governador José Roberto Arruda. Como é que eu estaria numa organização com meu inimigo político? Era tão bárbara a acusação que eles ficaram um ano para organizar minimamente aquele despropósito. Tiraram da peça os 900 milhões, não deixaram nem 500 nem 200, não havia mais nada disso na peça acusatória. Enfim, uma lambança.

O dano já estava feito, mas depois, no Ministério Público do Distrito Federal, eu sofri mais vinte e três processos. Vinte de improbidade administrativa e três criminais. Só fui condenado em um único processo, de impropriedade administrativa. A acusação era sobre um decreto que eu fiz que isentava uma obra pública do RIT - Relatório de Impacto de Trânsito. Era uma acusação infundada. Uma prova disso é que o meu sucessor posteriormente acabou com o RIT, tanto de obra pública como privada, e não teve problema nenhum. Mas eles tentaram de todas as formas me atingir. Essa foi a única ação que eu perdi, por 3 votos a 2, e mesmo assim ela está travada no Tribunal de Justiça do DF. Eu ganhei todos os outros processos.

Isso tudo foi uma retaliação ao mandato que eu fiz, porque enfrentei o cartel do transporte, que há 50 anos não passava por licitação pública. Eu fiz a licitação. As empresas moveram mais de 160 processos contra a licitação. Ganhamos todos. Reformamos todo o sistema de transporte, com 2.600 ônibus novos. Enfrentei também o cartel do lixo, um esquema criminoso que havia em Goiás e que abocanhava dinheiro no DF. Fiz a licitação do lixo, coisa que há muitos anos não acontecia. Enfrentei grileiros, fiz uma política habitacional, entregando 25 mil unidades habitacionais de apartamentos e casas populares, inclusive na faixa 1. Diminuí a desigualdade social. Aliás, foi o único período em que Brasília deixou de ser a cidade mais desigual do Brasil, graças a uma política junto com o governo federal muito bem equacionada. Consegui erradicar a extrema pobreza em um único mandato, ou seja, quatro anos. Esse trabalho foi reconhecido pela Organização das Nações Unidas. Também erradiquei o analfabetismo, e Brasília foi a primeira cidade que recebeu o selo de Território Livre do Analfabetismo.

O Henrique Pizzolato me conta que o Ricardo Coutinho, também vítima de lawfare lá na Paraíba, disse que o seu crime foi ter quebrado aquele cartel que tinha transformado o estado e os recursos públicos numa espécie de caixa privado dos coronéis. Da mesma forma, o meu crime foi quebrar os cartéis e melhorar as condições de vida do povo.

As denúncias vinham uma atrás da outra. Eu ganhava uma e logo saía na imprensa a versão deles, segundo a qual eu estava condenado.

Aí vinha outra... E a mídia tradicional mantinha a fogueira acesa pra me queimar mais e mais, embora eu ganhasse praticamente todas as ações.

Entre o final de 2019 e 2020, durante uns seis meses sofri uns seis processos, entre os quais alguns de grande significado. Por exemplo, eu fui processado porque dei reajuste salarial pros servidores do Distrito Federal. Dá pra acreditar? O processo demorou muito tempo para ser concluído, mas terminou em 2020. Teve uma grande repercussão na sociedade, porque o serviço público é muito grande no DF. Eu já tinha concedido duas parcelas do reajuste, faltava uma. Quando eu ganhei o processo na justiça, estava claro que os servidores tinham direito a receber na íntegra o seu reajuste. Isso repercutiu na imprensa mais do que quando eu venci o processo, por motivos óbvios.

Os servidores públicos do DF ficaram mais de 10 anos sem reajustes, o que teve um impacto desastroso na economia local, porque eles não tinham poder de compra. O reajuste do salário deles foi no meu governo.

Outro processo significativo foi o que dizia respeito ao hospital. Eles me processaram por fazer o Hospital da Criança, que nasceu de uma parceria que eu fiz com a Abrace e é uma referência no Brasil, já com mais de 6 milhões de atendimentos.

Houve também um processo ligado ao fato de eu ter resolvido um problema que havia no DF com os atacadistas. Resolvi a questão, sem que ninguém perdesse emprego e nenhuma empresa nos abandonasse. Pelo contrário, atraímos outras. Ganhei este processo absurdo também.

Eles queriam retaliar todas essas minhas políticas públicas. Conseguiram fazer uma busca e apreensão em 2020 na minha casa, em plena pandemia, a pedido de uma juíza do Ministério Público do Distrito Federal. Isso aconteceu porque houve uma denúncia sobre uma suposta compra de imóveis na Secretaria de Saúde em 2014. E já estávamos em 2020. Era tão frágil o pedido de busca e apreensão que eles não conseguiram concretizá-lo de início. Então entraram em contato com a Vivo, e a Vivo teria dito que encontrara uma quantidade grande de telefones habilitados com meu CPF e meu nome, espalhados pelo Brasil. Rapidamente, sem fazer investigação nenhuma, reiteraram o pedido à juíza, induzindo-a ao erro. Disseram que eu tinha aqueles telefones porque pertencia a uma máfia. E a juíza liberou a busca e apreensão na minha casa. Entraram no quarto da minha sogra de mais de 80 anos em plena pandemia. A repercussão na imprensa foi enorme, saiu no Jornal Nacional.

Esse processo era tão frágil que eu simplesmente consultei a Vivo, e a empresa me informou que os "meus" telefones eram fraudados, através do mesmo processo que usam nas prisões para registrar telefone com CPF de outra pessoa. O Ministério Público não aceitou o processo, não fez a denúncia porque não havia nada com que me acusar. Mas eles alcançaram o seu objetivo, que era me destruir na imprensa invadindo a minha casa. Uma destruição absoluta, sem denúncia alguma.

Naquele caso do mandato de prisão, o juiz federal que me deu o habeas corpus chegou a ler ipsis litteris o artigo da lei relativo à prisão temporária, para mostrar que a minha não se encaixava em nenhum item. Não havia crime. Na verdade, o juiz deu uma aula para mostrar a estupidez de pedir a prisão de alguém sem se basear em nenhum artigo da lei.

O Salvio me pergunta o que passou pela minha cabeça ao me ver preso depois de ter feito todo um trabalho social para o país. Ele tocou no ponto sensível da questão.

Eu fui deputado por 16 anos. Fui deputado constituinte aqui em Brasília e tive três mandatos como deputado federal. Fui ministro do esporte (o primeiro do Brasil), no primeiro mandato do presidente Lula, quando transformei o esporte em política pública de inclusão social, ao criar o programa Segundo Tempo, que colocou um milhão de crianças no contraturno da escola. A ONU o declarou o maior programa socio-esportivo do mundo. Fui diretor da Anvisa. Sou médico cirurgião do serviço público há muitos anos.

Agora, imaginem: eu estava trabalhando na Fiocruz, tinha minha residência aqui e bateram à minha porta às seis horas da manhã, com um mandato de prisão. E a imprensa toda estava junto com eles. É uma uma barbaridade, uma coisa que te destrói. Se você não tem muita consciência do que está em jogo, é difícil segurar uma barra dessas. Eu já tinha 35 anos de vida pública sem sofrer um processo, e aí uma delegada manda me prender sem qualquer indício de crime. É demolidor.

Essa delegada, quando o Moro se tornou ministro, foi para o governo federal e ficou ao lado dele. Ficou com Bolsonaro até o final.

Agora voltou para a Polícia Federal, está na delegacia mais importante do DF, o que é um absurdo. No nosso governo agora infelizmente ainda temos muito disso, mouristas, bolsonaristas, pessoas que pisaram na Justiça para poder perseguir, destruir. Pessoas assim no fundo não têm família, filho, mãe, porque não têm sensibilidade alguma. Nós defendemos a legalidade e o estado democrático de direito. Mas o que eles estavam fazendo era outra coisa. E não foi só comigo, foi com lideranças do Brasil inteiro, desde o Mensalão, aquela barbaridade que fizeram com os nossos companheiros todos. Atingiram o José Dirceu, o Pizzolato, o Delúbio. Quase mataram o Genoíno na prisão. Olha o que fizeram com o Lula, um dos maiores líderes do mundo. Usaram o aparelho da Justiça para tirá-lo da eleição e botar um fascista no poder. Todos que ajudaram, todas as pessoas que conduziram esses processos, seja na Polícia Federal, seja no Ministério Público ou na Justiça ganharam um lugar no governo Bolsonaro. Como a delegada que pediu a minha prisão.

Nós vivemos um período de absoluta exceção, de barbárie, em que a Justiça é usada para destruir o adversário e ganhar dinheiro. Porque eles ganharam muita grana com essa política que fizeram, usando as delações premiadas etc. Eles só pensam em dinheiro.

No meu caso mencionaram uma delação da empresa Andrade Gutierrez, que construiu o estádio Mané Garrincha. Claro que a empresa não pôde falar que o Agnelo pediu alguma coisa, não havia nada. Os delatores apenas mencionaram que o governador acionou o setor privado para ajudar o governo algumas vezes, como no caso do incêndio de uma igreja, quando o serviço de reconstrução não cabe ao governo. Mas qualquer governador articula trabalhos com o setor privado para ajudar a cidade em áreas que fogem da sua alçada. Uma vez que eles não achavam coisa alguma, começaram a dizer coisas absurdas, como "o governador comprou uma camisa" etc. Era tudo inconsistente. Mas isso não importava. O importante era eles dizerem que tinham uma delação e que, portanto, era preciso punir um governador do PT.

Hoje a gente conhece detalhes dessa manobra político-jurídica. A divulgação feita pelo Intercept dos malfeitos da turma do Moro na Lava Jato deixou muito claro que ele pedia aos seus aliados para criarem fatos políticos que mantivessem um ataque permanente ao adversário. Exerceram pressão para que se fizesse a prisão do Jaques Wagner, na

Bahia, que sofreu um processo semelhante ao meu. Quando seus aliados demoravam a construir um novo escândalo, o Moro cobrava um novo fato para a imprensa.

Voltando à pergunta do Salvio, aguentei esse bombardeio porque compreendia que era um processo político. Eles queriam interromper o nosso projeto democrático de diminuição da desigualdade e de inserção soberana do Brasil no mundo, para instaurar o fascismo. Falaram claramente sobre isso. Pretendiam até tirar o PT do TSE, cancelando a sua inscrição.

O Pizzolato me pergunta se eu definiria o lawfare como uma maneira mais sofisticada e atualizada de tortura, para levar as pessoas ao desespero e, em casos extremos, ao suicídio, como aconteceu com o reitor da UFSC, o Luiz Carlos Cancellier. Eu tenho certeza de que sim. O lawfare tem sido estudado e há várias publicações importantes sobre o assunto, inclusive a do Departamento de Direitos Humanos da Universidade Federal de Goiás. Fica claro nesses livros que essa é uma estratégia para atingir objetivos dentro de uma guerra ideológica, uma estratégia baseada no uso político do sistema jurídico para torturar e destruir pessoas que atrapalham a implantação do seu projeto. Na Lava Jato, Moro e seus aliados nos torturavam porque queriam ferir a nossa soberania e atacar os principais pilares da economia brasileira, acabando com empregos. Destruíram a presença da construção civil brasileira no mundo, quando ela fazia grandes obras internacionais. Deram o golpe na Dilma para mudar a exploração do petróleo e evitar que o dinheiro da Petrobras fosse usado para a educação e a saúde, fundamentais para a nossa independência real e para o nosso desenvolvimento social. Na verdade, queriam eliminar as pessoas que defendiam o nosso povo.

O lawfare é um instrumento da chamada guerra híbrida, com o qual eles atingem seus objetivos sem soltar nenhuma bomba, sem usar soldados. E para não acharem que é só a gente que está dizendo isso, eu recomendo a leitura do livro do Emílio Odebrecht, um empresário da construção civil que mostra como eles tentaram destruir o nosso país.

O Pizzolato lembra que o lawfare, através da manipulação política da justiça e da exposição midiática da vítima, é uma tortura que, ao contrário dos tempos da ditadura, ataca primeiro a alma para atingir o corpo. E, em vez de esconder a vítima em porões, a expõe como um monstro até que ninguém lhe dê mais nenhuma perspectiva de vida e ela vegete ou morra. É uma definição muito precisa. Foi o caso da dona Marisa, destroçaram sua alma até ela morrer. Mataram uma mulher guerreira, simples, uma mulher do povo. É o caso do reitor da UFSC.

Eu não tenho dúvida de que o lawfare é tortura, no sentido mais amplo do termo, porque ele destrói a imagem da pessoa no mundo.

Em um momento difícil, eu recebi uma proposta profissional em São Paulo, na área da saúde. Eles queriam uma consultoria, talvez eu pudesse até trabalhar lá. Mas quando estava conversando sobre a proposta, surgiu um novo processo. Perdi o trabalho. Eu tinha dificuldades financeiras, o que desestabiliza qualquer um. Porque eles espalharam os 23 processos ao longo do tempo, não me atacaram de uma só vez. E eu era um assalariado, um servidor público. Passei um tempo com a minha conta-salário bloqueada. Minha mulher sustentava a casa. É um massacre. Esses caras são jagunços, são justiceiros.

O Pizzolato quer saber como ficou minha vida política e profissional. Eu me aposentei do serviço público da Secretaria de Saúde do Distrito Federal. Sou um cirurgião aposentado. Hoje tenho atividades pedagógicas e trabalho em política, porque política a gente não faz só com mandato. Trabalhei firme na campanha do presidente Lula aqui no Distrito Federal. Estou na batalha para ajudar a reconstruir o Brasil, afastando o fascismo. Parte do Ministério Público, parte do Judiciário e da Polícia Federal pararam o Brasil, semeando a barbárie que floresceu no país com grande força. Mas felizmente o nosso povo ganhou a eleição. Estamos de novo no caminho certo. Há sinais claros de que este já é um novo país, com nova inserção no mundo, cuidando do povo com políticas públicas, diminuindo a desigualdade. Os resquícios do fascismo ainda estão por aí. A sabotagem do Campos Neto no Banco Central é um exemplo. Mas apesar dele estamos indo pra frente.

O Salvio quer saber se a perseguição a mim foi mais pessoal, por causa de coisas que eu fiz, ou foi mais partidária, porque eles simplesmente queriam perseguir governadores do PT. Acho que no meu caso foram as duas coisas. Porque durante o meu mandato eu enfrentei um sistema criminoso no setor do lixo do DF. E eles articularam muito bem a minha queda. Pediram um impeachment na Câmara Legislativa etc. Era uma articulação com as revistas Veja e Isto É. Por incrível que pareça, quem me salvou nesse caso foi uma investigação que a própria Polícia Federal fazia no sistema criminoso em Goiás, uma investigação de 10 anos, que se tornou pública justamente no período em que estavam no auge as articulações deles. Carlinhos Cachoeira estava envolvido nisso. Uma gravação da polícia mostrava claramente que eles queriam me derrubar. "Pode bater, ele não vai durar três meses", dizia a gravação. Articularam de tal maneira que cheguei a ser convocado a uma CPI. Desmascarei-os completamente. Depois, como já disse, eu enfrentei aqui outro cartel poderosíssimo, o dos transportes. Eles diziam que iam mandar me matar, abertamente. Botei a mão em cumbucas violentíssimas, com foco na diminuição da desigualdade.

Outra área estratégica e delicada foi o meu investimento na saúde pública. Se você quer ver um governante apanhar da grande imprensa, principalmente da Globo, peça pra ele investir em saúde pública. E eu investi pesado. Contratei 6 mil servidores, renovei todos os hospitais e os prontos-socorros do Distrito Federal e muito mais. Numa matéria do jornal Valor Econômico, disseram que em termos brutos nós éramos a unidade da Federação que mais investiu na saúde. Isso desperta a ira dos poderosos do setor da chamada medicina complementar.

Uma vez inaugurei, numa área de invasão da Ceilândia, um centro de assistência que era um mini-hospital. Às três horas da manhã soltaram uma matéria derrubando o que eu fiz. Três da manhã! Era um esquema de perseguição 24 horas.

Há esse lado pessoal. Mas há o outro lado que provocou a perseguição, o fato de eu ser do PT, não tenho dúvida nenhuma disso. Não podia dar certo um governo do PT aqui na capital da República, como também não podia dar certo um governo nosso na prefeitura de São Paulo.

Se eu tivesse feito um governo ruim, é evidente que eles não precisariam me bater. Os que me sucederam e que não realizaram nada não apanharam.

Que conselho eu daria para a garotada, pergunta o Pizzolato. Eu diria para ela se informar. Hoje que nós estamos vivendo nessa chamada pós-verdade, que é uma difusão de fake news, de mentiras. Isso tem feito estragos em muitas democracias. Tem feito estragos, por exemplo, no BRICS. Promoveu a eleição e sustentação do Trump e do Bolsonaro.

A campanha contra as vacinas em vários países foi montada com fake news. Por isso é muito importante que essa juventude se informe e participe das discussões. Ela tem que ler, se organizar, estar presente nas ações da sociedade, seja no seu bairro, seja na sua escola ou no seu grêmio. É preciso não se intimidar com campanhas de criminalização da política, porque fora da política não há saída. É preciso lutar contra a elite brasileira, que tem um complexo de vira-latas, é racista, misógina, homofóbica, não ama o Brasil e vende o país. E entender que até mesmo parte substancial dessa elite percebeu que iria para o ralo com o fascismo. Temos que nos informar, não podemos saber nada lendo apenas as pequenas informações das redes sociais.

Queria parabenizar agora a iniciativa da Rede Lawfare Nunca Mais. Há outros grupos se formando no Brasil e no mundo, para enfrentar esse esquema covarde. Mais covarde ainda porque usa o Estado, seus componentes como a Polícia Federal, o Judiciário, grampos e tudo o mais para combater o seu inimigo. Nós temos que enfrentar isso. Não haverá democracia enquanto a estrutura do Estado for usada para fazer guerra política. Qualquer um amanhã pode ser vítima disso.

A estrutura do lawfare é tão poderosa que até muitos companheiros nossos foram atacar pessoas acreditando na grande imprensa. Vacilaram. Acho que essa é uma grande lição.

Muita gente foi sacrificada por enfrentar aquele momento da política do Brasil. Quem não estava na linha de frente mesmo, desde do Mensalão até os nossos dias, talvez não tenha sentido o que nós sentimos. A gente estava defendendo o nosso sistema financeiro, a nossa autonomia, o nosso povo, enfrentando esses poderosos.

A sociedade foi contaminada pela violência com a ajuda da imprensa. Porque sem a mídia essa gente não teria feito o estrago que fez com o nosso país e com o nosso tecido social, que talvez a gente leve alguns anos para recuperar. E só vai recuperar se as pessoas participarem desse trabalho. Temos que lutar por uma sociedade mais justa, porque esse é o nosso destino e nós vamos pra frente.

Se eu mudaria alguma coisa no que fiz, quer saber o Pizzolato. Bem, eu sempre tive lado. No último quadrimestre de 2014, ao fechar o governo tive que fazer escolhas importantes. Por exemplo, entre não pagar a mídia e pagar os garis eu preferi pagar os garis. A minha área de comunicação disse que se eu não pagasse um ano inteiro para aqueles caras da mídia, eles iriam me ferrar. Eu não vacilei. Não ia deixar de pagar os trabalhadores da cidade para poder pagar a mídia. Especialmente aquela tevê que me persegue brutalmente, de manhã, de tarde e de noite. Sempre me denunciou e nunca corrigiu denúncia comprovadamente falsa. Digo isso para concluir que não me arrependo absolutamente das minhas opções, que sempre se voltaram para o povo, o nosso povo mais pobre, os trabalhadores da cidade.

Mas naquela época já surgiam mídias alternativas, e eu devia ter optado por elas em vez de esperar qualquer coisa da mídia tradicional. Essa correção de rota eu faria hoje.

Um dos grandes desafios do governo Lula para poder comunicar as suas realizações será enfrentar as fake news, essas ações criminosas que rodam nas redes sociais. As mídias alternativas são muito importantes nessa batalha.

Para concluir, eles são capangas, pistoleiros de aluguel. Gente que manda matar a soldo. Fazem "justiça" com as próprias mãos, contra os adversários dos seus interesses. Porque perderam o Governo, onde usavam a procuradoria, a consultoria para os seus ataques, e toda ação social do inimigo os irrita. Então destroem as pessoas. Isso é coisa de capanga, não é justiça. Quem não respeita o processo legal comete uma devastadora violência contra a história da democracia.

Uma de nossas missões é criar normas que evitem a ação de pessoas que se utilizam do sistema de lawfare. É uma missão que, em mim, nasceu do que senti na pele. Vi minha família sendo humilhada, maltratada. Meu país cair nas mãos de fascistas. Se eles queriam lutar comigo na política, podiam ter se filiado a um desses partidos de extrema direita que estão por aí. Mas preferiram fazer a luta covarde, de interesses pessoais e estrangeiros, como ficou provado na Lava Jato.

Temos que reforçar o sistema democrático brasileiro e fazer com que as pessoas que cometeram esses crimes paguem por eles.

ANDREA HAAS

Lawfare nunca mais - A voz das vítimas - Com Andrea Haas

Transmitido ao vivo em 16 de agosto de 2023

www.youtube.com/watch?v=odc38JseBp4

O Salvio Nienkotter me pergunta se eu me considero vítima de lawfare. Sim. Eu me considero vítima de uma injustiça, de uma perseguição política. O meu caso está intrinsecamente ligado ao do meu companheiro, o Henrique Pizzolato. E na época em que começaram a acontecer as coisas, a gente nem se dava conta de que era algo maior, de que era lawfare. A gente só foi perceber isso mais tarde, quando compreendemos que aquilo tudo tinha um método.

O Salvio gostaria de saber quais foram meus sentimentos no início daquele processo. Pois bem. Quando começou a sair na imprensa a questão do Mensalão, era algo assustador. E na medida em que o Henrique foi sendo envolvido na história, piorou para nós, claro. De início, ele foi chamado para prestar um depoimento na CPMI dos Correios, que acabou virando uma CPMI do Mensalão. A CPMI dos Correios começou com a investigação centrada no Maurício Marinho, um funcionário dos Correios que foi filmado recebendo uma propina. E conforme essa investigação foi andando, eles foram virando o foco para o PT. O Roberto Jefferson, que era presidente do PTB, foi quem denunciou o Marinho. As coisas avançaram e o Pizzolato foi chamado para prestar um depoimento na CPMI. Nós dois acompanhávamos os fatos na TV, e ficávamos assustados. O meu pai, que é advogado (ele está vivo, tem 91 anos), ficou muito apreensivo. Todos nós pensávamos aonde aquilo iria parar.

Mas naquele primeiro momento a gente não entendia o que estava acontecendo, nem o porquê. O Henrique foi envolvido por causa da Visanet. Ele me dizia: "Olha, eu fiz o que era necessário como diretor de marketing do Banco do Brasil, mas não tenho responsabilidade sobre nada da Visanet". Não era sequer da alçada dele o suposto problema. Ele estava lá para lidar com um orçamento que era do Banco do Brasil, não com recursos que eram de uma empresa privada. E o Banco do Brasil nem era acionista da Visanet. Havia uma empresa coligada ao BB que era acionista, mas ela por sua vez também era uma empresa privada. Foi uma coisa absurda e, repito, assustadora.

Se eu me assustei quando recebi a notícia da minha condenação, num processo que inicialmente era contra o meu marido, me pergunta o Salvio. Na verdade o recebimento da condenação não foi uma surpresa, porque desde o início o meu advogado dizia que aquele era um processo político, e que o foco era o meu marido. Aliás o advogado ficava abismado, dizia que nunca tinha visto um processo andar tão rápido. Isso porque a denúncia ocorreu no final de 2016. Logo no início de 2017 foi marcada uma audiência. Na própria audiência o advogado me disse que o juiz já estava com a sentença pronta, que ele havia me chamado para me ouvir pró-forma e iria me condenar de qualquer maneira.

O processo seguiu seu curso. Nós apresentamos um recurso, e as nossas provas deveriam ser analisadas, mas eles não analisaram nada. Isso tudo já era esperado. Quando um processo é político, é simplesmente horrível, nada pode ser feito.

Então eu não me assustei quando me condenaram, mas pensei que aquilo era pura injustiça. Pensei: "Estou sendo roubada pelo Estado. E como é que eu vou lutar contra o Estado?".

Pois não há como lutar quando eles colocam todo o poderio estatal contra uma pessoa. A impotência que a gente sente é muito grande.

O Salvio pergunta se eu senti algum arrependimento. Não, absolutamente. Porque a gente não fez nada de errado, arrepender-se do quê? O que eu e o Henrique sentimos foi tristeza. E a maior delas, quando a gente enfrentou aqueles horrores, foi ver que muitos amigos e companheiros sequer vinham falar com a gente. Esse foi um sentimento muito ruim.

Mas eu e o Henrique sempre nos mantivemos muito unidos. Eu conheci o Henrique na universidade. A nossa conexão foi também uma questão política, de afinidade de pensamento, de visão de mundo. E nada mudaria isso.

Quanto à mídia, se ela foi justa ou injusta na cobertura que fez do Mensalão, como me pergunta o Salvio, a reposta é que ela foi mais do que injusta, ela foi mesmo muito violenta naquela época. Mas nisso ocorreu uma coisa muito interessante. A carga da mídia caía sempre sobre o Genoíno, o Delúbio, o José Dirceu. Sobre o Pizzolato eles não falavam, pelo menos não tanto quanto dos outros. Eu lembro que a gente enviou material para a mídia, documentos, como por exemplo o regulamento do fundo da Visanet, mostrando que aquele dinheiro não era do Banco do Brasil. Mas eles se calavam, não diziam absolutamente nada.

O jornalista Raimundo Rodrigues Pereira, da revista Retrato do Brasil, ficou conhecendo o caso do Pizzolato e se deu conta imediatamente de que ele era o pilar de toda a farsa que estava sendo montada. Percebeu como o ministro Joaquim Barbosa contaria a historinha, partindo da origem do dinheiro para o Mensalão. O Raimundo na verdade falava de duas pessoas, o Pizzolato e o João Paulo Cunha, que era o presidente da Câmara dos Deputados. João Paulo também foi acusado de dois peculatos, de corrupção passiva e coisa e tal, num processo semelhante ao do Pizzolato. Só que no caso do Pizzolato criaram a história do Banco do Brasil. Tanto o procurador-geral da época, que apresentou a denúncia, como Joaquim Barbosa disseram que o dinheiro da Visanet era dinheiro público, uma mentira deslavada.

Como o Pizzolato era o pilar, a sustentação desse castelo de mentiras, a mídia não aprofundava nada sobre ele. Não queria saber dele porque queria na verdade pegar o chefe dos 40 ladrões, o Ali Babá, que era o Lula. O objetivo final sempre foi o Lula. Com esse propósito foram atacando as pessoas que estavam em volta dele. Pegaram o José Dirceu, que na época era um nome cotado para substituir o Lula na presidência da República. E do caso do Pizzolato, que mostrava documentos provando sua inocência, eles não falavam.

Eu lembro que o filho da Miriam Leitão, o Matheus Leitão, da Folha de São Paulo, fez uma entrevista com o Henrique. Nós levamos a pastinha com os documentos, mas não saiu matéria alguma. Claro, qualquer verdade que não corroborasse a narrativa inventada por eles não seria exposta naquele momento. Verdades que atrapalhassem o objetivo de atacar e, se possível, exterminar o PT não sairiam na imprensa.

E do que eu fui acusada nesse processo? A denúncia foi apresentada em novembro de 2016, na Justiça Federal do Rio de Janeiro. A acusação era de lavagem de dinheiro, apoiada ainda na lei de 1998. Digo isso porque, em 2012, foi feita uma nova lei de lavagem de dinheiro. O inciso do artigo usado contra mim dizia: "Crime contra a administração pública". Ou seja, lavagem de dinheiro da administração pública. Bem, eu nunca fui funcionária pública. O que eles disseram na denúncia contra mim foi que o crime antecedente, ou seja, o dinheiro ilícito que me beneficiou, veio dos crimes que o Pizzolato tinha cometido no Mensalão, envolvendo o dinheiro da Visanet e o tal do dinheiro que disseram que ele recebeu de corrupção. Eu perguntei como eu estava sendo acusada de lavar o dinheiro da Visanet se o STF disse que esse dinheiro tinha sido usado para pagar as mensalidades para os deputados votarem. Era uma coisa que não tinha pé nem cabeça. Por outro lado, lá no processo da AP-470 do mensalão, o Banco do Brasil mostrou as provas de que esse dinheiro foi usado para fazer as campanhas publicitárias. Uma coisa horrível. Eu me perguntava como eles estavam dizendo que eu lavei dinheiro público se o Banco do Brasil mostrou que o dinheiro não era dele, nem era público, era de uma empresa privada, a Visanet. É que o STF simplesmente transmutou o dinheiro privado em público e afirmou que ele foi usado para pagar os deputados. E em 2016 declarou que fui eu quem pegou o dinheiro.

O Salvio lembra que havia cheques e notas fiscais da Globo, do SBT e de outros veículos comprovando os pagamentos feitos para as campanhas publicitárias. É verdade. Em torno de 3 mil empresas receberam o dinheiro para fazer campanhas, entre canais de tevê, revistas, jornais, canais da internet etc. E tudo foi comprovado pelo Banco do Brasil.

Num terceiro momento, depois que o STF disse que o dinheiro era público e pertencia ao BB, o próprio Banco moveu uma ação de execução de sentença penal contra o Pizzolato e mais aqueles três sócios da agência de publicidade. O BB dizia que, se o STF declarava que o dinheiro era dele, queria que o Pizzolato e as outras três pessoas o devolvessem ao banco. E pediu à juíza da vigésima vara de Brasília para chamar um perito judicial para definir o valor. A juíza chamou o perito. Ele passou dois anos fazendo a perícia e depois disse: "Não, primeiro esse dinheiro não pertence ao Banco do Brasil. Segundo, ele foi usado para fazer as campanhas, aqui estão os comprovantes, as provas. Terceiro, o Pizzolato sequer era o responsável por administrar, por gerir esse dinheiro". Era como se ele dissesse: "Olha, esse processo contra o Pizzolato e a Andrea não faz nenhum sentido".

Mas durante esse tempo todo eu tive dois grandes apoios. Um foi o do meu pai. Ele foi uma pessoa fundamental, tanto para mim quanto para o Henrique, porque acompanhou todo o processo desde 2006. Analisava tudo que estava acontecendo e ficava muito indignado com o que via. Porque a gente mostrava para ele os documentos, as provas. E desde o início ele dizia para nós: "Não desanimem, nós vamos vencer essa luta". O meu pai está vivo até hoje, bem velhinho. Uma amiga me disse (e eu nunca tinha me dado conta disso): "Andrea, o teu pai está vivo porque ele só vai morrer no dia em que vocês forem justiçados".

O outro grande apoio foi o do Pizzolato. A gente foi amparando um ao outro.

Além disso, nós dois fomos recebendo pequenos e importantes apoios, de pessoas que iam surgindo nos momentos em que a gente já estava quase no fundo do poço. De repente aparecia alguém que nos puxava para cima, mostrando disposição para nos ajudar. Isso foi acontecendo nesses 17 anos. O Henrique fala em anjos. Eu digo que foram acontecendo milagres que nos deram sobrevida nos momentos aparentemente sem saída.

O Salvio me pergunta como essa experiência mudou minha visão sobre o sistema judiciário brasileiro. E se eu ainda confio nas instituições legais do país. A verdade é que eu perdi a confiança. Vou falar do meu processo para fazer uma comparação. Eu fui acusada de lavagem de dinheiro, como já falei. A mesma denúncia foi feita contra o Pizzolato. É o mesmo texto, só mudam os nomes. No caso do Henrique, como ele já havia sido extraditado pela Itália e o Tratado de Extradição tem um artigo que diz que o réu não pode ser processado por fatores anteriores à sua entrega ao país de origem, o Ministério Público teve que pedir à Itália autorização para continuar processando o Pizzolato. O que o Tribunal italiano falou? Que aquele era um crime impossível. Porque estava havendo um bis in idem, ou seja, a Justiça brasileira estava querendo condenar duas vezes o Pizzolato pela mesma coisa, sendo que ele já havia cumprido pena. E não havia prova nenhuma. A Justiça italiana indeferiu o pedido, negou que o Pizzolato continuasse sendo processado. Então ele não foi, mas eu continuei sendo processada. E o argumento da Justiça italiana também servia para mim, já que era a mesma denúncia... A Justiça brasileira não podia seguir o processo contra mim.

O que eu quero dizer com isso? É que, quando digo que não acredito na Justiça brasileira, além de tudo que vi conto com a opinião da Justiça de um outro país, que não estava contaminada pela perseguição movida através do lawfare, como aconteceu aqui no

Brasil. Os argumentos da Justiça italiana tinham lógica, enquanto a condenação da Justiça brasileira contra mim não tinha sentido.

Se eu acho que Justiça brasileira sempre foi assim ou isso é mais recente, quer saber o Salvio.

A gente sabe de onde vêm os juízes, de onde vêm os procuradores, os promotores. São pessoas que tiveram acesso ao estudo, à universidade. E portanto fazem parte de uma elite privilegiada, que conta com benefícios e que olha as coisas conforme a sua classe, para defendê-la e mantê-la no controle. Os pobres, os pretos no Brasil são sempre injustiçados. A justiça no Brasil tem uma ideologia. Claro, pode-se dizer que não existe juiz imparcial, porque todo juiz é uma pessoa, tem uma carga de experiência própria, é afetado pelo seu entorno, pelo agrupamento social em que vive. Mas a Justiça no Brasil é pior, ela tem lado. Defende por todas as formas o seu meio social; os de baixo, eles olham de forma diferente.

Mas quando é que surgiu essa crise mais profunda do Judiciário, em que se passou a usar o sistema judicial para a criminalização política? Começou quando, em 2003, o Lula tornou-se o primeiro presidente do Brasil oriundo da classe trabalhadora. Nunca havíamos tido um presidente que tivesse sido sindicalista, que fosse um operário de fato. Depois de mais de 500 anos de história, uma história que é contada sempre pelos senhores ricos, um presidente decidiu colocar o povo pobre no orçamento. Em 2004 já começou a guerra. Lula significava um opositor ao pensamento estadunidense. E na hora em que ele instituiu o tal do Conteúdo Nacional, que bateu de frente com os interesses das grandes empresas, fossem norte-americanas, fossem de outras grandes potências, para valorizar as empresas brasileiras, especialmente na área do petróleo, ali já soou o alarme. Ali começou essa guerra que é o lawfare.

O Salvio quer saber qual foi o impacto do lawfare na minha vida pessoal e profissional e como eu tenho lidado com esse desafio. Vou dizer que eu não sabia o que eu podia ser. Existiu uma Andrea até o início de toda essa essa tortura, depois nasceu outra.

Eu me formei em arquitetura, fiz a faculdade de artes plásticas. Sempre fui uma sonhadora. Adorava a minha profissão. Trabalhei muito como arquiteta na cidade de Toledo, no Paraná. Fazia desde o projeto das casas até o desenho dos móveis, porque a cidade era pequena e não havia quase lojas de móveis. Trabalhava até sábados e domingos com o maior prazer. Depois fui para o Rio de Janeiro e continuei trabalhando na mesma área, mais como decoradora.

No momento em que surgiu essa tortura político-jurídica, tive que dar uma volta muito grande. Comecei a estudar autos de processos, a estudar leis, porque caiu aquela avalanche sobre a gente.

Além disso, sempre fui uma pessoa muito tímida, muito quieta. Minhas amigas e amigos sempre falavam mais do que eu. Mesmo em casa, o Henrique é o falador. E quando nós fomos para a Itália, eu me vi sozinha, sem saber falar italiano. E tinha que contar todo o nosso caso jurídico para o advogado italiano. Então, por força da circunstância tive que aprender outra língua, para ler o processo, explicar as leis do Brasil etc.

Por tudo isso eu, Andrea, mudei muito. Tive que estudar leis, fazer contato com as pessoas. Precisei tomar conta de tudo, pois o Henrique estava preso.

O professor José Geraldo de Sousa Junior, ex-reitor da UnB, um dia me disse que a Corte Interamericana de Direitos Humanos, num processo judicial de lawfare, já inclui a questão do projeto de vida. Ou seja, o que a pessoa é e o que ela planejou para o seu futuro é interrompido pelo poder do Estado. E, de fato, naquele momento o meu projeto de vida se quebrou. Mudou.

O Salvio me pergunta como eu enxergo o futuro, depois do que houve, e quais são as minhas esperanças e planos. Talvez eu seja mais cética, não gosto muito de pensar em esperanças. Prefiro olhar para o que me está dado hoje.

Estou condenada, um advogado que agora está cuidando do caso pediu um habeas corpus. Claro, tenho expectativa de que seja acatado esse pedido, mas ao mesmo tempo não confio muito. Eu preciso, eu tento pensar em viver um dia depois do outro. Mas ao mesmo tempo tem uma coisa que para mim é muito boa, e não só para mim. Quando a gente criou o projeto da Rede Lawfare Nunca Mais, isso para mim fez uma diferença muito grande.

Um dia eu estava trocando mensagens com a Tânia Mandarino, pelo WhatsApp, e disse para ela que me sinto sempre no final de uma fila indiana. Cada vez que vem um ataque vou mais para o final da fila. A Tânia respondeu que eu não devia pensar numa fila, mas enxergar o que as pessoas que estão na fila junto contigo podem fazer para formar um grupo que enfrente a situação. Foi importante, aquela troca de mensagens. Eu pensei: "Então é isso, vamos enfrentar tudo de forma coletiva. Não sou só eu que estou passando por isso, nem só o Pizzolato. É a Márcia Lucena, o Ricardo Coutinho, a Amanda Rodrigues, o Agnelo Queiroz e tantos outros. Vamos nos unir para enfrentar o lawfare, essa perseguição, essa guerra jurídica e midiática".

O surgimento da Rede Lawfare Nunca Mais me fez bem. Nela eu acredito. Porque esse pensar coletivo, esse pensar que não estou mais sozinha, nem enquanto vítima nem enquanto uma pessoa que está buscando soluções, isso para mim significa uma esperança. Esperança na justiça não tenho mais muita, a não ser que a coisa realmente comece a mudar no Brasil.

A gente diz que a Tânia Mandarino é uma madrinha desse filho que é a Rede Lawfare Nunca Mais. O Salvio também, é um padrinho, de vez em quando vai visitar o afilhado. E está fazendo esse livro, que vai dar uma contribuição à nossa luta.

O Salvio quer saber qual foi a minha condenação. O juiz de primeiro grau me condenou a uma pena de quatro anos, em regime semiaberto, que poderia ser substituída por duas penas alternativas. Entramos com um recurso, dizendo que a pena deveria ser em regime aberto, sem ter como pena a prisão, mas a prestação de serviço à comunidade. Assim, minha condenação ficou com uma pena de prestação de serviço à comunidade de 2918 horas. Dividindo-se esse número de horas por quatro anos, e considerando-se só os dias úteis, eu tenho que dedicar 16 horas por semana à prestação de serviço. A lei permite que cumpra a pena na metade do tempo, em dois anos. Mas para isso tenho que fazer o dobro de horas. Por isso estou dedicando 32 horas semanais. Já cumpri pouco mais de 500 horas.

Se é difícil para mim dizer "eu sou condenada", pergunta o Salvio. Não, eu faço questão de dizê-lo. No Brasil a gente está acostumado com a hipocrisia. Diz-se por exemplo que um preso é um reeducando (risos). Quem conhece, como eu conheci, uma prisão por dentro, na Papuda (e olha que não fiquei nas piores celas), tem que rir de eles chamarem o preso de reeducando. Na instituição onde eu estou cumprindo a pena, chamam os presos de "prestadores de serviço" (risos). E eu digo a eles: "Eu sou presa, eu estou aqui condenada, não sou prestadora de serviço". Porque se não admitiria que me pusessem uma venda nos olhos. Até porque comecei a ver que nessa instituição havia mais pessoas presas como eu.

O Salvio me pergunta se há alguma ação planejada para tentar reverter a condenação e quais serão os meus próximos passos. Como já falei, está em trâmite um habeas corpus para mim. E no caso do Pizzolato está em curso, sempre sendo adiada, uma Revisão Criminal no Supremo. É uma questão jurídica: como o Pizzolato foi julgado na última instância, mesmo sendo um cidadão comum, e como não há nenhum órgão acima do STF, então a revisão criminal é apresentada para o mesmo STF.

Isso mostra como o julgamento do Mensalão foi um julgamento de exceção. Porque o STF admitiu, por maioria e não por unanimidade, julgar cidadãos comuns, que sequer ocupavam um cargo de deputado, senador etc. Já no caso do Mensalão tucano, eles não admitiram julgar quem não tivesse foro privilegiado, por isso ficou no processo só o Eduardo Azeredo. Quando o procurador-geral, Rodrigo Janot, apresentou a denúncia, pedindo 22 anos de prisão, o Azeredo fez o quê? Para ficar livre, renunciou ao mandato e se afastou da vida pública. Um político tem essa possibilidade, um cidadão comum, como eu o Pizzolato, não.

Que mensagem eu daria para pessoas em situação similar, quer saber o Salvio. Eu diria para elas se associarem à Rede Lawfare Nunca Mais. Venham conhecer a Cleide Martins, uma pessoa muito firme, consciente, objetiva, que foi uma das fundadoras da Rede. A Cleide Martins é uma das pessoas que me ajudou e graças às quais eu continuo viva.

Para concluir, gostaria de dizer que a experiência e as lições por que passei são péssimas. Eu me dei conta de que o Estado pode massacrar pessoas. E elas não têm como enfrentá-lo. Pedir ajuda para quem? Deparar-me com a injustiça praticada pelo próprio Estado para mim é uma coisa horrível. Por outro lado, dentro da pior desgraça, sempre aparecem coisas boas.

Eu e o Pizzolato conhecemos pessoas na Itália e no Brasil que foram solidárias, e isso nos salvou.

Lawfare Nunca Mais - A Voz das Vítimas

LUÍS NASSIF

Lawfare nunca mais - A voz das vítimas - Com Luís Nassif

Transmitido ao vivo em 21 de junho de 2023

www.youtube.com/watch?v=QoDdEahWHqg

O Salvio Nienkotter me pergunta se um Jornalista que atua contra algum lawfare em ação pode acabar vítima dele. Certamente pode. Porque, para criticar o lawfare, você tem que criticar o protagonismo do Judiciário. Você atinge a alma do Judiciário, que são os tribunais. No meu caso tive que fazer um Manifesto, chamado "Estou juridicamente marcado para morrer", que viralizou na época. Fiz isso para criar uma blindagem. Porque o juiz é dono da sentença, ninguém interfere nisso. Nos tribunais, não há uma maneira de controlar os abusos de sentenças, a não ser em instâncias superiores. E mesmo assim, em alguns tribunais, o que você encontra é um conluio de tribunais contra as vítimas.

Houve um caso de perseguição a mim no Tribunal de Justiça de São Paulo que chegou às raias do absurdo. Eu coloquei uma montagem de fotos no jornal. Na montagem há uma foto de um sujeito que era um homônimo. O homônimo entrou com uma ação e a juíza, que é do Fórum Central, me condenou a pagar 40 mil reais. Na mesma ocasião a Record tinha acusado um sujeito de pedófilo, em rede nacional, e o mesmo Tribunal de Justiça reduziu a multa dele de 30 mil para 10 mil reais. Outro caso que ocorreu foi quando eu denunciei a fundação que o Dalagnol queria criar para pegar dinheiro da Petrobras. Eram bilhões de reais. E eu comparei o caso com o que o MBL fez com os 5 milhões de dólares que ganhou de doações de terceiros, o carnaval que fez. Citei o MBL justamente para mostrar o que uma militância digital pode fazer com 5 milhões de dólares. Eles entraram com uma ação afirmando que eu disse que a Lava Jato pagou cinco bilhões de reais pro MBL. O juiz de primeira instância falou que era evidente, que estava nítido ali que eu não havia dito isso. Foi para apelação no Tribunal de Justiça, que disse: "Se quisesse não dizer deveria ter sido mais claro". E me condenou. Meus advogados reclamam para o Supremo Tribunal Federal, o caso cai nas mãos do ministro Lewandowski, que anula a sentença. E recomenda uma aula de interpretação de texto. Ou seja, acontecem as coisas mais absurdas.

Em São Paulo minha percepção sobre isso se ampliou quando denunciei aqui a prisão da Carmen Silva. Ela é uma senhora que coordena a Ocupação 9 de julho, feita por um pessoal que ocupou um prédio abandonado do INSS. A Carmen fez um trabalho fantástico, que em qualquer país do mundo mereceria prêmios de pacificadora. E aqui em

São Paulo ela foi presa junto com a filha, acusada de ligação com o PCC. Assim, do nada. Eu fiz um artigo em que critiquei o tribunal, disse que aquilo era um absurdo e que aquela mulher em qualquer país civilizado seria saudada. A juíza deu um habeas corpus para ela, usando justamente essas minhas palavras. Depois disso veio de tudo em cima de mim. Sofri duas ações na mesma semana, bloquearam a nossa conta conjunta, minha e da minha esposa. Entrei com uma liminar para desbloquearem a conta, consegui, mas o juiz sentou em cima do caso e demorou meses para devolver o dinheiro.

O Salvio entende que o lawfare é usado para atingir as pessoas para que elas não atrapalhem os projetos deles. Pergunta se eu também entendo assim esse mecanismo. A resposta é sim. Você vê condenações absurdas vindas de vários pontos e presume que há uma campanha por trás disso. O Rio de Janeiro pode ser mais um exemplo. Eu fiz um artigo criticando o Luiz Zveiter, um sujeito muito polêmico que comanda o Tribunal de Justiça do Estado do Rio de Janeiro. Ele entrou com uma ação e imediatamente o juiz me condenou a pagar 100 mil reais. E eu tinha uma ação do Eduardo Cunha, que estava preso, me acusando por difamação, uma ação que eu já tinha vencido. Mas um desembargador do Rio me condenou a pagar 100 mil reais por difamar o Eduardo Cunha, um sonegador, que até fora acusado de coisas maiores.

Uma maneira de você ver a parcialidade do juiz é comparar a sentença contra você com outras sentenças dele. Se ele muda o entendimento, alguma coisa está errada. Houve uma ação do Ricardo Teixeira contra o Juca Kfouri. E o tal juiz que me condenou a pagar 100 mil reais por difamação deu ganho de causa para o Juca Kfouri, dizendo que o Ricardo Teixeira presidia uma organização que estava cercada de controvérsias. O Ricardo Teixeira nem preso estava. No meu caso ele inverte totalmente o entendimento e me condena por difamação.

Há muitos casos. Tive uma polêmica em 2010 com um sujeito que se denomina filósofo. Ele foi ao canal dele no YouTube e disse que eu era achacador, que eu vendia matérias, que era filho da puta etc. Movi uma ação contra ele. O juiz disse que eu tinha que provar primeiro que era ele mesmo no vídeo. O advogado provou. O juiz disse que aquilo eram escaramuças de internet. Imagine, o cara te chamar de corrupto ser uma escaramuça. Esse sujeito se dizia o filósofo de São Paulo. Uma vez fez um artigo muito baixo atacando o Haddad no Estadão. Então eu entrei no blog dele para entender quem era o sujeito. Encontrei artigos puxando o saco do Haddad. Como assim? Ele se casou com uma moça mais nova e colocava fotos da moça nua no blog. Enfim, uma baixaria.

O Pizzolato quer saber se eu considero o lawfare uma espécie de tortura. Bem. Eu tenho em casa uma companheira que me fortalece muito nesses embates todos. E não quero comparar o que eu passei com o que, por exemplo, o Genoíno ou o próprio Pizzolato passaram.

Mas o lawfare é uma onda que refluiu, depois que as entranhas Lava Jato foram expostas. No período da Lava Jato eu fui condenado três vezes por delegados da Polícia Federal, por críticas que fiz. Isso me obrigava a ir até Curitiba para a audiência de conciliação, aquela conversa mole. Os delegados já estavam acertados com a Justiça Federal de lá. E vinham multas de 10, 15, 20 mil reais. Mas isso tudo já refluiu.

Um caso grave foi uma crítica que fiz ao Wilson Witzel, quando ele veio com aquela história de "mirar na cabecinha", que só ajudava a aumentar os crimes policiais no Rio. Eu o acusei de genocida. O que ele fez? Me denunciou para a polícia, não para a Justiça. Então tive que depor na polícia aqui de São Paulo. Vieram dois delegados à minha casa armados, pra exibir o poder. Foram devidamente enquadrados pela minha esposa, que é procuradora. Depois eu fui lá e depus, mas foi uma tentativa de me intimidar, efetivamente. Como o Moro fez com o Eduardo Guimarães, mandando prendê-lo.

Algo que tem que ser levantado a respeito do lawfare são as perseguições internas nas corporações. No BNDES houve dois episódios que foram vergonhosos. Um foi a condução coercitiva de 40 funcionários, com a Globo filmando tudo. Uma coisa abjeta. Tão abjeta que eu atribuí aquilo a um procurador lá de Brasília por engano. E o procurador que fez aquilo na verdade fazia parte da Comissão da Verdade. É um sujeito ligado a direitos humanos. Mas quando vem a onda há quem entre nela. O segundo episódio vergonhoso foi o do Fantástico dizendo que o BNDES era sócio da JBS, e como sócio tinha direito de colocar um membro no Conselho da JBS. Daí espalharam para esse pessoal ignorante da área policial, que não tem a menor noção de economia, que um sujeito era o agente da JBS no BNDES. Era um cara que estava aposentado, um pacato criador de abelhas. Ligaram para ele dizendo que iam fazer uma reportagem sobre criação de abelhas, perguntaram se ele os receberia. Chegaram à casa dele, abriram a câmera e quiseram saber o que ele tinha a dizer sobre a acusação de agente da JBS. O homem ficou indignado, saiu andando e a câmera continuou a filmá-lo como se estivesse acompanhando um criminoso que fugia da cena do crime. Uma coisa hedionda.

O Pizzolato me pergunta como o lawfare me impactou na minha vida pessoal, familiar. Veja bem. Depois que eu publiquei o Manifesto o ataque foi muito reduzido. Mas antes, cada vez que tocavam a campainha de casa havia um oficial de justiça na porta. Eu fiquei amigo de um deles, que até me avisava por telefone que ia vir mais uma vez. A minha sorte é que existe um grupo de jovens advogados que estão me ajudando.

É só gente fina que me processa. Uma vez o João Dória me processou. Pediu 50 mil. O juiz aumentou o valor, por conta própria, para 100 mil. E alegou que a sede do meu escritório fica num bairro nobre de São Paulo. A sede fica no Paraíso, que não é bairro nobre, é um bairro de classe média. E o endereço é da minha irmã. E não houve mais conversa. Vieram ameaças de bloqueio da minha conta, de pegar a minha conta de previdência privada, a aposentadoria.

O Dória entregou toda a base de dados da prefeitura para um big data qualquer. Disse que o big data estava fazendo um trabalho voluntário para a prefeitura, sem custo, para organizar o banco de dados dela. Um absurdo. Imagine quanto valem esses bancos de dados. Esse big data está com quatro ou cinco denúncias de corrupção em Santa Catarina. Tem uma relacionada à Petrobras. É aquele para o qual o Dalagnol queria entregar toda toda a base de dados da Lava Jato para que a organizassem. Os sócios americanos demitiram o fundador desse big data por corrupção. E a prefeitura entregou os seus dados para ele... Daí você escreve sobre isso, mostra o que acontece e leva processo do Dória.

Houve um pacto, que vem da Lava Jato, entre a mídia, o Judiciário e o Supremo em que eles só aceitam as denúncias que vêm da imprensa tradicional, que estava em parceria com o Judiciário e com a Lava Jato. É por isso que nós levantamos uma porção de coisas e nos arriscamos a levar processos, multas. E as autoridades não tomam providências sobre o que denunciamos.

Eu denunciei recentemente a licitação para Zona Azul da Prefeitura de São Paulo, na qual montaram um esquema em que só podia ganhar uma empresa ligada ao BTG, do André Esteves. E na definição de preço eles só previram o faturamento com a venda de cartões. A parte mais valiosa, que é o banco de dados de três milhões e meio de cartões de crédito, eles não incluíram no valor. Aí vêm os técnicos do Tribunal de Contas do município e fazem uma recomendação: a prefeitura tinha que rever aquilo. O presidente do Tribunal de Contas, indicado inclusive pelo PT, endossa a recomendação e a manda para a prefeitura. Esta faz um arremedo, não melhora nada. Aí o presidente do Tribunal de Contas muda de opinião. Eu fiz a denúncia. Uma procuradora do Ministério Público transformou em processo, que morreu no tribunal. E eu recebi uma grande ação do BTG por difamação, além de terem censurado dez matérias minhas. A censura caiu depois.

Haveria uma censura diferente dos tempos da ditadura, quando colocavam o censor dentro do jornal, uma espécie de censura disfarçada?, pergunta o Pizzolato. Sim, essa é a nova lógica. Vejam o Luciano Hang, abriu quatro ou cinco processos para calar os inimigos.

O advogado Modesto Carvalhosa, que é mencionado na Vaza Jato, ia ser beneficiário de parte daquela dinheirama que vinha para a Fundação planejada pela Lava Jato, porque iam separar metade do valor para acionistas brasileiros da Petrobras que entrassem com ações coletivas contra a empresa. O Carvalhosa seria o principal advogado da class action. Eu fiz artigos contando essas coisas e inclusive o que eu já conhecia de outros tempos. Ele entrou com uma ação dizendo que eu quis equipará-lo ao demônio, porque coloquei uma foto trabalhada dele na matéria com feições de demônio. E mencionei no texto o "escambau", que é o demônio. Mas o Carvalhosa é tão antipático que nem ele conseguiu me condenar.

O Salvio lembra que eu disse no Manifesto que atuação do Judiciário é a maior ameaça à liberdade de expressão desde os Anos de Chumbo. E pergunta como a gente pode evitar o lawfare, os ataques pessoais, sem com isso perder a liberdade de expressão, que é legítima.

A dificuldade é que há uma zona cinza e cada juiz a utiliza da sua maneira.

Dois presidentes do supremo, o Aires Brito e a Cármen Lúcia, foram muito paparicados pela mídia. Porque há duas maneiras de a mídia cooptar: uma é ameaça e a outra é a lisonja. O Aires Brito era visto como um grande poeta; a Cármen Lúcia como uma grande frasista. E ambos criaram no âmbito do Conselho Nacional de Justiça comissões para discutir a liberdade de imprensa, nas quais só havia representantes dos grandes veículos. Eu fui falar com os dois, em épocas diferentes. Disse-lhes que uma nova forma de jornalismo estava surgindo, um jornalismo feito por pessoas que vêm do jornalismo tradicional e que não têm departamento jurídico, não têm força e qualquer multa as desestabiliza. Mas não quiseram nos incluir nas comissões.

Num período que veio do Mensalão e foi até o impeachment da Dilma, houve um pacto: eles só aceitavam as jogadas armadas entre procuradores e imprensa. Aquilo que eles fizeram não foi jornalismo. E quem fazia jornalismo era punido. A onda era tão forte que aqueles de caráter mais fraco entravam nela.

E daí eles descobrem um novo veio para cercear o pensamento crítico e a liberdade de expressão: problemas burocráticos nos contratos das universidades. Se você examinar as universidades, vai ver que as regras para gastos de dinheiro público são uma complicação. Eles descobrem isso e passam a criminalizar as universidades por problemas administrativos burocráticos. É o caso de Santa Catarina, com o caso do reitor Cancellier, da UFSC, que se suicidou. Repetem o processo na Universidade Federal de Minas Gerais. Repetem na Universidade Federal do Rio de Janeiro. E chegam ao cúmulo de, na véspera das eleições de 2018, fazer uma articulação pelo WhatsApp entre um procurador eleitoral e presidentes de Tribunais Regionais Eleitorais, para invadir 9 ou 10 universidades com a PM (Polícia Militar), alegando que havia eventos políticos nelas. Essa foi a gota d'água, porque a partir daí o Supremo percebeu o monstro que tinha criado.

Nós vamos fazer inclusive um documentário sobre as vítimas desse período, que vem de um pouco antes do Mensalão, quando a mídia prepara o terreno, ganha impacto com o Mensalão e vai até a Lava Jato.

Vamos nos deter, por exemplo, no caso do Pizzolato. Um vice-presidente do Banco do Brasil me disse que, primeiro, a Visanet não é do Banco do Brasil, é de quatro ou cinco empresas. Segundo, para poder lançar aquelas despesas no balanço seria preciso comprovar que foram efetuadas. E contrataram um grande escritório de advocacia aqui de São Paulo, o do Pinheiro Neto, que constatou que todo o dinheiro havia sido gasto legitimamente. Se tudo havia sido gasto, onde estaria o crime? Aí eles tentam criminalizar o Banco através do quê? Do bônus de veiculação, que ia para o Marcos Valério. Então cai a ficha para eles de que o bônus de veiculação quem paga são os veículos, a Globo, a Abril etc. Aí eles recuam. Vem um laudo de uma perícia da Polícia Federal que constata a mesma coisa. Então o Joaquim Barbosa decreta sigilo...

Ali começou o lawfare. Ali eles descobriram a maneira de derrubar o governo, descobriram algo que já havia ocorrido na CPI do jornal Última Hora, com o Getúlio Vargas. O que aconteceu na CPI do Última Hora? Queriam comprovar que o jornal havia sido beneficiado pelo governo. E os governistas falaram que haviam reunido elementos mostrando que os demais jornais, os grandes, ganhavam muito mais dinheiro do que o Última Hora. Só que a CPI gerava notícias diárias e quem tinha o controle da divulgação eram os grandes jornais. O Mensalão foi a mesma coisa. Gerava notícias malucas diariamente com a cobertura da grande imprensa, como aquela de que o Marcos Valério sabia da morte do Celso Daniel, toda aquela doideira.

Há o caso daquela big data, a Neoway. O Dalagnol foi dar uma palestra lá, muito bem remunerada (ele cobrava caro, bancos que o contrataram me contaram). Depois fez um comercial, gravou um vídeo para a empresa elogiando o seu sistema. E tentou fazer com que esse sistema fosse usado pelas forças-tarefas. Ou seja, tentou dar para aquela empresa o controle sobre todas as informações. Essa empresa, que tinha o Lemann, dono da AMBEV, como sócio, entrou em São Paulo na Secretaria da Fazenda. Três meses depois, com base nos sistemas da Neoway, a Secretaria denuncia competidores da AMBEV. Ou seja, esse submundo que se esconde por trás do lawfare é muito malcheiroso.

O Pizzolato me pergunta como defender os jornalistas independentes, se até mesmo a ABI (Associação Brasileira de Imprensa) não os protege.

Quando o lawfare ficou mais pesado, a gente fez uma uma provocação à ABI. Conseguimos um belo advogado lá em Brasília, que atua junto ao Supremo, e junto com a OAB entramos com um pedido no Supremo para discutir esta questão. O pedido está parado lá.

A imprensa tem os seus amigos e os seus inimigos. Vou falar de um episódio que eu descobri nas redes sociais, quando me mandaram uma mensagem. Foi um episódio que envolveu o Garotinho. A perseguição que o Garotinho sofreu em Campos foi uma coisa abjeta, a ponto de ele ser retirado do hospital onde estava numa maca, com as filhas chorando ao seu lado. A Globo filmava e um colunista falava da histeria das filhas. Levantamos a história. Era uma história cabeluda. Envolvia procurador e outras autoridades. Independente de quem seja Garotinho, foi uma perseguição sem tamanho.

Um fenômeno que ocorreu, muito complicado, no rastro da Lava Jato, foi o surgimento dos pequenos imperadores municipais. Em Poços de Caldas, a minha cidade, pegaram um maluco que criou a história de que um grupo de médicos tinha matado o filho, para pegar órgãos para transplante. A gente acompanhava aquilo, sabia que o cara só queria fazer rolo. Houve um julgamento. A situação dos médicos já estava resolvida quando entraram um novo juiz e um novo procurador no caso. Eles resolveram levantar tudo de novo. O novo juiz mandou os médicos para a cadeia. Ia toda noite à cadeia para ver se os médicos não estavam sendo privilegiados, se não tinham um travesseiro a mais etc. Quando surgiu o negócio dos blogs ele tentou ganhar espaço. Um dos blogs que conheço deu espaço para ele escrever lá, e eu lhes disse para terem cuidado, porque oportunista tem em todo lado.

Em São João da Boa Vista um procurador moveu uma perseguição sem tamanho contra uma funcionária da prefeitura. Esses pequenos ditadores passaram a atuar em todas as cidades como se fossem imperadores. Eram os caras de quem o prefeito e os vereadores iam beijar a mão. Então o mal que a Lava Jato fez se espalhou por todo o país, especialmente nos pequenos municípios. Porque quando ocorrem aqui em São Paulo, em Brasília ou no Rio de Janeiro, os abusos ganham mais visibilidade, o que inibe um pouco a atuação dos pequenos imperadores. Já um caso como o do Ricardo Coutinho, na Paraíba, ganhou pouca repercussão. Porque a imprensa local não faz eco no Brasil. E o abuso em cima do Coutinho foi coisa de sádico. O irmão dele tinha que ficar com tornozeleira, invadiram a casa da secretária, e tudo isso por quê? Houve uma renovação política no Nordeste, surgiram novos líderes, que incomodam a classe dominante. Uma vez eu perguntei ao Coutinho o que aconteceu para que o coronelato do Nordeste acabasse. Ele falou: "Coisa simples, foi aquela política de governo do Lula que fez cisternas". Isso acabou com a dependência da água do coronel. O Brasil é um país tão atrasado socialmente que os caras tinham o controle da água e dominavam politicamente a região. O acesso à água modernizou politicamente o país.

O Salvio me pergunta se o Rupert Murdoch e a revista Veja, no final dos anos 90, promoveram escândalos para conseguir através daquelas mentiradas aumentar o seu público e a venda de jornais e revistas, ou haveria já por baixo do pano grupos que os contratavam para criar factoides. E lança a mesma dúvida sobre a Globo, no caso do Mensalão, quando ficou espalhando ódio e teve grande audiência.

Eu respondo que, no caso do Roberto Civita, daquele movimento que a gente chama de jornalismo de esgoto, o modelo de negócio entrou em parafuso. Em outros jornais, como o Financial Times, o que eles fizeram foi tentar diversificar os negócios, aproveitar a base de público que já tinham para montar editora de livros, entre outras coisas. O Rupert Murdoch chegou a fazer isso, passou a vender livros didáticos para a prefeitura de Nova York, até que o Ministério Público de lá disse que um cara que espalhava contravalores não podia vender livros didáticos. Mas a intenção dele era política mesmo. O que o Murdoch queria? Dominar o Partido Republicano. Porque ele falava como poder político, aproveitava o resto de poder político que tinha ainda e deixava de ser um apoiador do governo, passava a ser O governo. Pegue aquela declaração da presidente da Associação Nacional dos Jornais. Ela diz "nós somos a verdadeira oposição". A ideia era, chegando ao poder, usar o poder de estado, a regulação para impedir a entrada dos competidores, já no primeiro momento. Mas perceberam, claro, que vendiam muitos jornais com as suas mentiras. Porque o conservadorismo já estava encruado na população.

No caso da Globo, além de tudo isso, houve um pacto com o Ministério Público. A Globo estava na linha do pênalti, no caso da Fifa e no caso da CBF. No caso da Fifa o Ministério Público de Nova Iorque foi apurar o esquema. Os procuradores de lá foram à Suíça e prenderam um monte de gente. No Brasil, o Ministério Público do Rio começou a investigar o caso discretamente. Tinha o material. A Espanha pediu o material. E no Rio eles conseguiram, com uma juíza de primeira instância, proibir o envio de material. E o Ministério Público, que conseguiu derrubar uma presidente da República, não conseguiu demover a sentença da juíza de primeira instância. Passado um tempo o que acontece? Os podres da CBF são descobertos na Espanha, porque o ex-presidente do Barcelona participou do esquema. Houve um escândalo, prenderam o ex-presidente do Barcelona e mandaram o material para o Brasil. O que o Ministério Público do Brasil fez? Pegou o material e colocou num cantinho, não levantou mais nada. Então houve pactos com a Globo.

O Mensalão surgiu como reação à CPI do Cachoeira, porque ela mostrou que todos aqueles escândalos promovidos pela Veja, que a cada capa recebia o endosso da Dilma e ela derrubava um ministro, eram articulados com o Cachoeira para beneficiar seus negócios. Grampearam o Cachoeira por muito tempo, e ouviu-se o cara dizendo quais seriam todas as capas da Veja. O Roberto Civita entrou em pânico na época. Passou a puxar o saco da Dilma, do relator. E de repente explode o negócio do Mensalão, que já estava morto desde 2006. Houve uma baita pressão sobre o Supremo para começar a julgar o caso e daí eles desviaram todas as atenções para o Mensalão.

A mídia tem os seus interesses específicos, mas há outras coisas que ela explora. Eu sugiro que vocês leiam um livreto do Freud chamado Psicologia de Massas. Esse livreto certamente foi o ponto de partida para a Cambridge Analytica e outros que passaram a usar os algoritmos. Freud mostra que, quando você cria a onda, cada pessoa deixa de ter seus valores individuais e adere a ela, por solidariedade. E o que faz crescer a onda? Valores similares, igualados por baixo. Quanto mais baixa for a motivação, quanto mais primária, melhor se forma a onda.

Outro ponto relevante analisado pelo Freud nos ajuda a entender algo que foi tangenciado por esses movimentos todos. É a questão do afeto. Os bolsonaristas criaram uma solidariedade de afeto no ódio. Um círculo de afeto. E o interessante nesse círculo ocorre quando a liderança fracassa: o Bolsonaro hoje está com o rabo entre as pernas, mostrando uma uma falta de coragem absoluta. Freud diz que, com o tempo, esses animais (ele usa a expressão manada) passam a criar valores, não necessariamente positivos, e os vão sofisticando um pouquinho para manter o grupo unido, já em outro patamar. São pequenas variações que fazem a onda seguir seu curso.

Muitos jornalistas por aí entraram em ondas. Eu participei de um debate em Tiradentes, organizado por Audálio Dantas, para discutir a Lava Jato. Na véspera a Miriam Leitão, que hoje está tentando se regenerar, fez uma enorme defesa da Lava Jato. No dia seguinte eu tive um debate com a Associação Brasileira de Jornalismo Investigativo, que fez um trabalho vergonhoso: se ofereceu para ajudar nas investigações da Lava Jato. Comecei a criticar tudo isso e uma grande jornalista aposentada me perguntou: "Já que você está criticando tanto, o que você faria se estivesse no lugar das chefias aí?". Não acreditei que ela estava fazendo aquela pergunta. Disse: "Eu faria jornalismo, simplesmente isso, contrataria uma repórter que nem você para fazer jornalismo. O que é jornalismo? É não se fiar em fonte única. É pegar a informação e checá-la, conversar com juristas, ver as interpretações". Mas a onda era tão forte que levava muita gente. E há o oportunismo e aquele negócio da solidariedade dos toscos. Há um psiquiatra que fala que o tosco brasileiro surge com o bolsonarismo. Mas na verdade ele já estava na mídia, estava nos jornais, de cabo a rabo. As pessoas que tinham mais caráter recuavam, porque não havia espaço para rebater os toscos.

É preciso levar em conta um ponto relevante, que explica muito desse negócio do bem contra o mal que marca o bolsonarismo. Quando o Roberto Civita traz o modelo Murdoch para o Brasil, isso é feito no âmbito de uma guerra cultural. Ou seja, não bastam apenas as fake news. Qual era o princípio do Murdoch? Criar a mentira nos veículos de mídia e jogar nas redes sociais. Mas além dessa estratégia havia outra: devia haver uma guerra cultural. Era preciso pegar o universo de celebridades progressistas (jornalistas, artistas, intelectuais, escritores) e destruí-lo. E depois criar um novo Olimpo com conservadores. Isso ocorreu também no Clarín. O jornal publicava fotos ou filmava jornalistas que não aceitavam as suas campanhas, difamando-os, e dava o endereço deles para a população atacá-los.

Aqui no Brasil também houve um dedo-durismo constante. Eu mesmo fui alvo de Vera Magalhães. O caso foi o seguinte. Eu saí da TV Cultura porque fiz críticas ao Serra, ou seja, se fosse oportunista ficava lá. Ao sair recebi um convite da TV Brasil. E saiu uma matéria na Folha de São Paulo, assinada por essa Vera Magalhães, dizendo que eu havia sido contratado sem licitação. Ou seja, se alguém queria contratar o Luis Nassif na tevê tinha que fazer uma licitação para ver quem seria o Luis Nassif. Depois enviaram uma repórter para a Fundação Padre Anchieta. Explicaram a ela o óbvio, que na TV se contratava o cara pela sua imagem, não fazia sentido fazer licitação. A repórter omite esta explicação da matéria e publica a mentira na Folha. Imediatamente o Roberto Freire ameaça fazer uma CPI. A EBC (Empresa Brasil de Comunicação) entra em pânico e corta o meu contrato. Durante cinco meses eu fiquei levando tiro do Serra pela frente e facada nas costas da EBC e da SECOM (Secretaria de Cominicação Social).

Hoje os jornais já não têm muita força. Mas antes você brigava para fazer jornalismo, era taxado de jornalista esquerdista. Havia muitas formas de intimidação. Recentemente, a única vez que me mencionaram foi quando fui censurado pelo BTG. Fizeram uma notícia e colocaram uma nota integral do BTG me malhando. Ou seja, eles fizeram uma denúncia favorecendo os caras que tinham me censurado.

Em outros tempos, a Veja e a Record fizeram uma parceria para explorar o mercado da ultradireita. Era um negócio que já estava preparado por vários fatores, como o fracasso da democracia ocidental, a alienação do cidadão em relação às políticas públicas etc. Mas se você olhar bem, o discurso de ódio da mídia foi essencial para que o Brasil não virasse o polo mundial da ultradireita.

O Pizzolato me pergunta como é que a gente sai dessa situação. Eu acho que o que está acontecendo hoje é a resposta. A gente bateu no fundo do poço e as pessoas perceberam o monstro que tinha sido criado. Então começou a haver uma reversão. Radicais terríveis da onda viraram agora grandes defensores da liberdade. O próprio Supremo mostra isso, basta ver o papel do Gilmar Mendes antes e depois do fundo do poço. Por que ele mudou tanto?

É que ele e os outros ministros do STF estavam achando que o máximo que ia acontecer era o sangramento do PT. Quando viram a bocarra do monstro, voltaram para uma posição legalista.

Vamos retornar ao tema da mídia, na sua relação com o Ministério Público.

A revista Época era o grande instrumento de armação dos procuradores. O que eles faziam? Passavam uma suspeita qualquer para a Época, ela publicava a matéria sem dizer que vinha dos procuradores. E com base na matéria eles abriam os processos. Isso desde os anos 90.

Sobre o Correio Braziliense eu tenho uma história. Ainda nos anos 90, quando foi criada aquela lista de discussão do Ministério Público, eu já me insurgia contra esse negócio de prisão a toda a hora. E pressionaram uma juíza para que ela desse pedido de prisão ao Luiz Estevão, em Brasília. Ele merecia ser julgado, condenado e preso, e não sofrer prisão antecipada. Eu critiquei a juíza. Ela até me mandou um e-mail na época dizendo que concordava comigo. Então uma outra procuradora, que era metida a fazer parcerias com a mídia, começa a me criticar na lista dos procuradores. E tem início uma pancadaria contra mim. Um procurador, indignado, entrou em contato comigo e me disse que estavam falando mal de mim no MP. Me deu um link para eu entrar e ver as acusações. Eu entrei, vi e fui quebrar o pau com eles. Depois, uma subprocuradora me mandou um e-mail me contando o que lhe tinham feito. Levantaram suspeitas contra ela, foram até o Correio Braziliense e o jornal publicou as tais suspeitas. Com base na matéria do jornal eles queriam abrir um processo interno contra a subprocuradora.

O Pizzolato lembra que o Daniel Dantas era campeão nisso que faziam a Época e o Correio Braziliense, até porque ele era acionista de alguns veículos. Ele plantava a notícia, e em cima dela o Ministério Público abria procedimentos. É verdade. Como o Daniel Dantas se aproxima da mídia? Ele entra no Conselho da Abril e abre possibilidade junto ao Estadão de ser investidor. Hoje o que nós temos é o BTG comprando a Abril, comprando tudo. O Daniel Dantas é um caso típico do modo como o jornalismo veio se deteriorando.

Está no livro que eu lancei com a Kotter, O Caso Veja: os anos 90 foram os anos de ouro da imprensa escrita. Nunca se ganhou tanto dinheiro. Porque os veículos tinham publicidade nacional, publicidade local e classificados. E havia uma liquidez internacional abundante. Podiam pegar empréstimo em dólar por todo lado. Pegaram o dinheiro e se endividaram. Quando veio a desvalorização cambial, eles quebraram. Junto com a quebra, surgiu a internet, comprometendo o modelo de negócios. Eles entram em pânico. Eu conto no livro o que a Veja fez, nesse momento de pânico. As chantagens primárias que fazia para vender livro didático. Ali tivemos os últimos arroubos dos veículos, como esse da Veja, antes de virem as redes sociais. Hoje eles já não têm essa força, porque não existe mais o leitor do jornal A, B ou C. O que existe é o leitor da notícia A, B ou C, que vem descosturada. Então o poder de influência que eles tinham vai se desfazendo.

Fiz um livro sobre o jornalismo dos anos 90 em que eu mostro vários casos de assassinatos de reputação pela mídia, em que eu entrei sozinho defendendo o outro lado, como no caso do Chico Lopes.

O Salvio Nienkotter me pergunta se jornalistas como Paulo Henrique Amorim e Paulo Francis podem ter sido vítimas, mesmo que indiretas, do lawfare.

Paulo Henrique sim, seguramente. Havia muitas ações contra ele, mas contava com um porto seguro, que era o emprego na Record. Quando tiraram o emprego dele na Record, o peso das ações foi fatal.

O desgaste é muito grande, você tem que relaxar. Eu tenho uma peculiaridade na vida que me facilita o enfrentamento: todo o meu patrimônio eu coloquei no Dinheiro Vivo e no jornal GGN. Então não tenho mais patrimônio, a não ser um fundo de pensão. Mas nesse enfrentamento entram questões terríveis, como pensar que está prejudicando também os filhos. Não é fácil não. Quando comecei a guerra com a Veja, chamei as minhas duas filhas mais velhas e disse que ia entrar numa guerra que ia afetar todos nós. E elas me deram todo o apoio. Mas eu sempre penso "puxa, podia ter deixado um patrimônio para elas, queimo tudo com essas lutas quixotescas". Mas é porque eu acredito profundamente numa coisa chamada Brasil. A gente tem toda a obrigação de dar todo o empenho para tentar deixar um país melhor para os que virão. Mesmo nos momentos mais terríveis eu resisto. O que você não pode é ficar pensando na próxima ação. Tem que tomar cuidado com algumas coisas.

O Salvio lembra que eu fui atacado juridicamente por um desembargador, o Luiz Zveiter, por políticos grandes como Eduardo Cunha, que tinha mais de 100 deputados sob o seu comando, pelo MBL, que é poderosíssimo porque tem a retaguarda do Jorge Paulo Lemann. E pergunta se eu acho que esses ataques são o resultado de uma ação organizada contra mim.

Não, não é uma coisa organizada. Por exemplo: o lawfare hoje vem da parte de um empresário que é ligado ao Lula e ao Serra, o José Serepieri, dono de um plano de saúde. Estas ações vêm de todo lado e são sempre maneiras de te calar. E às vezes é difícil saber de onde vêm. A minha saída da Folha eu achava que tinha sido provocada pelo Daniel Dantas, mas não, foi o BTG. Por que eu saí da Folha e por que sou alvo do BTG? Porque há um conjunto de jogadas que em geral um jornalista não especializado não percebe. Esse mercado com base nos big datas, nas grandes bases de dados é um mercado bilionário. As maiores negociatas vão sendo feitas nele e o pessoal deixa passar em branco. E se você identifica uma jogada, os caras desse mercado sabem que você pode identificar outras e te dão um chega pra lá.

Todos eles descobriram o lawfare como um caminho, mas não são ações concatenadas. Nem eu tenho dimensão para merecer uma ação concatenada.

O Pizzolato quer saber o que penso sobre ações movidas com base apenas em uma foto, como já aconteceu comigo. Vamos ver. O Emediato lançou um livro sobre a CSN e foi condenado a pagar 500, 600 mil reais por conta de uma foto na capa. No meu caso, a foto estava numa matéria que saiu dentro de um blog, que tem uma audiência restrita. E a foto do homônimo que eu coloquei lá sem querer estava no meio de outras fotos. O cara fez um drama, disse que trabalhava numa multinacional, que até na França lhe pediram explicação, que a sua mãe ficou mal etc. Eu sabia que era um tremendo jogo de cena. Mas a juíza estava predisposta a me condenar, efetivamente.

Tempos depois foi aquela Joice Hasselmann que me atacou. Houve uma manifestação contra o Moro em Nova Iorque, e estava lá uma economista brasileira chamada Luisa Nassif Não Sei Que Mais (há um segundo sobrenome do qual não lembro agora). A Joice sabia que eu tenho uma filha chamada Luisa Nassif. Apesar da diferença de sobrenomes, ela diz, para um milhão de seguidores no YouTube, que eu recebi dinheiro do PT para que minha filha fizesse campanha contra o Moro em Nova Iorque. Nós entramos com uma ação. Ela foi condenada a pagar 15 mil reais. A minha fotinho no blog me condenou a 40 mil. Veja como é esse jogo.

O Pizzolato quer saber se não há parâmetros para estas condenações. Não. É que nós temos um problema: o Aires Brito, para contentar a imprensa no tempo em que ele estava no Supremo, acabou com a Lei de Imprensa, alegando que era uma coisa da ditadura. Ou seja, em vez de aprimorar a Lei de Imprensa, acabou com ela. Por causa disso foram perdidos todos os parâmetros. Também por causa disso, quando surgiu a internet eles passaram a submeter a notícia de internet à legislação sobre calúnia, injúria e difamação. E cada juiz passa a dar a sentença que quer, muitos seguindo a sua orientação política. Esse foi o ponto de virada, o fim da Lei de Imprensa. Na época da Veja, entrei com uma ação de direito de resposta na própria revista. Ela saiu 12 anos depois. O que isso significa? Uma punição para quem foi difamado, porque traz de volta tudo aquilo por que você passou. O Aires Brito é o grande responsável por tudo isso. Naquele tempo o único que teve bom senso foi o Marco Aurélio Mello, porque disse que aquela atitude iria provocar um caos na ponta. Responderam que já havia a garantia da Constituição. Essa foi a toada. Quando entrei com a ação de direito de resposta, a Vara de Pinheiros, onde caíam todas as ações contra a Veja, devolveu--a para o Tribunal, falando que não havia mais Lei de Imprensa. O Tribunal disse "não, mas tem a Constituição", e devolveu a ação para a Vara. E a ação ficou nesse vai e vem por 12 anos.

O Salvio retoma o tema do Mensalão, dizendo que ele foi a cozinha do lawfare. De fato. No caso da Visanet, que envolve o Pizzolato, ficou nítido que eles precisavam de uma empresa pública para fazer o que fariam. E há coisas que as pessoas esquecem. Quando o José Dirceu e o Genoíno foram presos na Papuda, uma juíza de primeira instância autorizou um sistema de escuta que chegava até o Palácio do Planalto. Eu perguntei como se podia colocar escuta no Palácio da Planalto. Disseram que a Papuda era perto do Palácio e por acaso a escuta pegou as conversas lá.

Há o caso do Genoíno precisando de atendimento médico e o juiz da vara de execução proibindo a saída dele do presídio. A enteada do Gilmar teve que o levar escondido no carro para salvar a vida do Genoíno.

Há uma moça (ela fez um trabalho fantástico como supervisora dos presídios em Brasília) que me contou que foram à Papuda três deputados do PSDB, entre eles a Mara Gabrilli. Tiraram fotos e inventaram que os prisioneiros do Mensalão estavam tendo tratamento privilegiado. A imprensa engoliu tudo. Foi um período abjeto, cujo ápice é a Lava Jato, que quebrou o país. O que houve nesse período, que começa em 2008, passa pelo Mensalão e chega à Lava Jato, é pura canalhice. Não tem outra expressão, é canalhice.

Na Lava Jato, o que aconteceu foi que o Tribunal Regional Federal da Quarta Região atravessou o Rubicão. Surgiram então todos os abusos definidos e suportados pelo Supremo e pela mídia. Aquela sentença contra o Lula, uma aberração estatística. Três desembargadores tendo que analisar cinco acusações de crime, cada uma com uma um tipo de pena, e os três dão o aumento de pena que o Moro queria com o mesmo número de dias... Aquilo tudo foi suportado porque a onda, que o Freud analisa, era a favor deles.

Se você dá a um sujeito ignorante, primário, um poder muito grande, ele acha que esse poder é eterno. E vai abusando, abusando, abusando. O TRF-4 foi isso, um tribunal que virou o jogo definitivamente. Quando eles afastaram o Eduardo Appio, destampou-se a panela. Descobriu-se que o desembargador que julgava os casos tinha um filho que é genro e sócio do Moro.

Eles também investiram muito contra tribunais superiores. A Vaza Jato mostrou-os aprontando com o Toffoli, tentando aprontar com o Gilmar Mendes. O fato é que eles acharam que tinham um poder eterno. A nossa "sorte" é que eles eram muito primários. E mesmo assim conseguiram arrebentar o país.

Mas a Lava Jato vai ser passada a limpo tranquilamente. Eles arrumaram inimigos demais, e os amigos se calaram. A Lava Jato é galinha morta. Mas o restante não. O papel dos militares nesse período, por exemplo. Uma reportagem do Financial Times recente mostra que as autoridades americanas vieram convencer os militares daqui a não dar golpe. E a gente vai criar outros monstros. O país não tem tradição democrática. Agora, por exemplo, temos essa investida da Corregedoria do Conselho Nacional de Justiça sobre a Lava Jato. O corregedor hoje tem um poder fantástico. Tem influência nos tribunais do Rio de Janeiro e em qualquer tribunal do mundo. Quero dizer que essa onda de agora contra a Lava Jato vai criar outros pequenos ditadores, que vão interferir nos seus tribunais. O Brasil não tem tradição legalista. O Supremo precisa colocar nos trilhos as instituições, mas ao colocar nos trilhos aparecem e vão aparecer os heróis que ganham poder e cometem os seus abusos. Este é um país sem tradição democrática e sem valores. Por exemplo, os jornalistas que anteriormente eram campeões da legalidade foram os que mais surfaram na onda do ódio. E agora voltam a ser a favor da legalidade, da ciência, porque é a nova onda. É o caso da Miriam Leitão, do Nelson Mota, enfim.

Nós não temos a bússola. O que é a bússola. Aquelas figuras, dentro do Judiciário, dentro da mídia, que não importa para onde o vento sopre apontam o caminho certo. Aqui é tudo biruta de aeroporto, se o vento sopra para um lado, vamos para esse lado. Não temos caráter. O conceito de caráter não faz parte das instituições.

Lawfare nunca mais – A voz das vítimas

RICARDO COUTINHO

Lawfare nunca mais – A voz das vítimas – Com Ricardo Coutinho

Transmitido ao vivo em 31 de agosto de 2022

Uma transcrição do pronunciamento do ex governador da Paraíba, Ricardo Coutinho, no evento da TV 247.

www.youtube.com/watch?v=fFmDdq_ob9g

O assunto que temos a tratar é tão violento e traumático pra mim, ainda que em minha vida eu sempre tive uma postura aguerrida, este assunto exige ainda mais de mim e de todos nós.

É necessário que nos aprofundemos nessas coisas. A falta deste aprofundamento é que permite e até enseja que no Brasil se jogue tudo pra debaixo do tapete. A história do Brasil é essa.

E é por jogar pra debaixo do tapete que nunca tivemos uma ruptura popular nesse país. Já tivemos várias rupturas da direita. Fazem a ruptura e depois, para sair dela, escondem as mazelas que criaram. Todo mundo sai como igual. Foi assim na anistia, por exemplo: o torturador foi colocado ao lado do torturado como se fossem entidades iguais. E ambos foram "perdoados". Imagine, o cara que foi torturado foi depois... perdoado! E aí foi viver os seus dramas para o resto da vida com sua família. Enquanto o torturador, ora vejam, foi perdoado também.

Há um paralelo na atual questão do Lawfare. Essa injustiça que está acontecendo no Brasil não pode ser perdoada. Não por vingança ou motivação pessoal, nada disso, mas pela razão de que se a história não fizer um encontro com a verdade nesse momento histórico, vamos acabar revivendo tudo isso. Se o Congresso Nacional não fizer um encontro com isso, daqui a pouco tempo você vai ver novamente a mesma serpente engolindo toda a democracia que persiste nesse país.

Não temos outro caminho. O caminho só pode ser esse. É preciso ir fundo contra quem promove isso no mundo inteiro. Porque não foi só no Brasil. Isso aconteceu na América do sul quase toda, porque os Estados Unidos a tem como um quintal.

Não há uma única força na sociedade brasileira que tenha a capacidade de juntar em um mesmo projeto os setores do Judiciário, do Ministério Público, da grande mídia, do setor financeiro, da Fiesp... A única força capaz de fazer isso, dada a conjuntura das elites no Brasil, é o Departamento de Justiça estadunidense.

Tudo que se viveu aqui, foi tramado lá, porque não há um ponto de criação aqui dentro. A nossa elite é muito estúpida. Nunca se deu sequer ao trabalho de construir um projeto nacional. Todas as elites no mundo fizeram isso, mas a do Brasil não fez. É como se ela dissesse: Meu projeto é Miami. Isso é de uma mediocridade que espanta profundamente, porque seria legítimo e até necessário que as nossas elites tivessem um projeto nacional para elas. Não seria para o povo não, para elas, mas que tivessem!

Esse projeto nunca foi apresentado porque se compra tudo de fora. O Brasil entrou no neoliberalismo da forma mais tacanha imaginável. E até hoje não conseguiu sair. Todo o mundo está revendo esse processo de entrega dos ativos, das riquezas que se tem. Todo mundo tá revendo...

Se o Brasil esteve nas mãos do governo mais entreguista que esse país já teve, como em nenhum momento da história, e um governo que utilizou os símbolos da pátria, com slogans como: a nossa bandeira jamais será vermelha, com alto poder de manipulação, é preciso atentar que esse poder de manipulação só existiu em função da mídia. A a mídia tem que ser enfrentada, e ser forçada a se democratizar... não há outro caminho, nem para a nossa, nem para as gerações futuras.

Eu tenho muita fé que o Presidente Lula possa arregimentar a seu lado pessoas que tenham a capacidade para tratar da democratização da mídia, como também para tratar da doença mais grave da democracia - na minha opinião a mais grave da história do mundo – o lawfare.

Nenhuma doença, nenhum golpe, foi tão sério, causou uma destruição tão profunda quanto o lawfare, como a guerra híbrida. Isso desestruturou tudo aquilo que a gente tinha de certezas. Porque o que se estimula não são as ideias, são as emoções coletivas. Não precisa mais do tanque, não precisa mais da baioneta, não precisa mais o: "derruba o governo e fecha a Congresso", porque quem está lá no Congresso, em sua maioria, garante os procedimentos que são necessários para que um governo que seja deposto, ou uma agenda econômica seja mudada, tudo sem eleição.

E daquele mesmo povo que votou contra essa agenda econômica, uma parte ficou omissa, outra parte aplaudiu. Não é essa mudança da agenda. A presidenta Dilma só caiu para que fosse mudada a agenda econômica, se não fosse para isso não havia nenhum interesse em derrubá-la. E fizeram isso utilizando o sistema judiciário, o Ministério público e a mídia!

A questão toda sempre foi o dinheiro e, que ninguém se iluda, o custo do impeachment foi muito alto. 15 ou 20 dias antes da data em que a Câmara iria decidir se afastava ou não a Presidenta, a gente estava no Palácio da Alvorada, quando chegou uma informação de que estavam como uma mala de dinheiro no hotel Blue Tree. O grupo concordou que havia um delegado da Polícia Federal confiável para cuidar disso e passou-se a ele essa informação. Ficamos aguardando a operação. Ocorre que o Lula, sempre que ia Brasília, se hospedava em um hotel vizinho àquele. Pois bem, a Polícia Federal foi e cercou esse hotel vizinho, onde Lula se hospedava, como a propor que o Lula estava com uma mala a distribuir dinheiro a parlamentares.

E como isso é possível? pelo poder da manipulação da informação. As pessoas manipulam e você não consegue desfazer, porque todos caminham para o mesmo lado, é Estadão, é folha... Antigamente até havia algumas diferenças, não tem mais, não há diferença quando o assunto é proteger os interesses do sistema financeiro, por exemplo. São idênticos, são iguais.

Adotam uma pauta de costumes relativamente diferente, um é mais conservador, outro menos, porém, nas questões referentes a sustentação da elite que se construiu no país, agem de uma forma igualitária. As TVs, da mesma forma.

Em nenhum país do mundo se poderia fazer o que fizeram aqui: 24 horas de Jornal Nacional contra um cidadão chamado Lula. 24 horas distribuídas em 3, 4 anos com o Jornal Nacional, que praticamente todos os dias atacava a honra, sem dar direito a uma resposta. Penso que na Espanha, na Itália, na França, na Inglaterra isso seja impossível. A mídia como o grande catalisador, a mídia garantindo uma condenação.

Aqui a mídia acusa, julga e condena, não é o processo não. O processo não vale nada, o processo é uma piada: uma falta de respeito para com o Direito. Esse processo da Calvário, que se desenvolveu aqui na Paraíba, vai gerar a maior crise que nosso poder judiciário passará na sua história. Ninguém duvide disso!

Eles ficam com raiva, e aí fazem um espírito de corpo que domina todas as áreas, é impressionante. Aqui, se você vai para a Vara da família, a encontra impregnada pela Calvário, se você vai para TRE, o encontra impregnado pela Calvário, a justiça comum impregnada de Calvário... tudo!

Efetivamente é isso. Eles não admitem que alguém ou alguns que tenham sido perseguidos falem. Porque a lógica seria que o perseguido pudesse ter voz. Mas aí você sai de cena e a televisão te esquece. Só que nós não saímos de cena. Nós não podemos sair de cena. Primeiro, porque esse estado melhorou muito com a gente em cena. Esse estado avançou muito com a gente. E segundo porque a gente não é disso. Então essa luta vai em frente. E eles vão tentar sempre conduzir a justiça para nos prejudicar.

Com a prefeita Márcia Lucena, companheira de luta e amiga de muitos anos eu não posso falar, não posso abraçá-la, um juiz o proibiu. É impossível que alguém que tenha uma casa de veraneio no município do Conde, ou quem viva lá não perceba o quanto a cidade melhorou durante a sua gestão. É impossível isso. Mas o ódio era tamanho que se buscou de todas as formas impedir Márcia de governar. No feriado de Tiradentes, dia 21 de abril de 2020 ela instalou uma barreira sanitária para medir temperatura, e assim fazer o trabalho de saúde. Márcia colocou a barreira e algum promotor entrou na justiça e com 20 minutos recebeu a decisão para derrubar a Barreira.

Nem promotor nem juiz conseguiu perceber que se tratava de algo que beneficiava a todos, que garantia a vida de muitos... derrubar era mais importante, por quê? Porque era a Márcia. E aí, dois dias depois, a decisão foi cassada, naturalmente. O alvo era Márcia, era o governo, porque Márcia não podia governar.

A barreira caiu, o índice de contaminação subiu. Depois foi controlado, porque Márcia é uma gestora extremamente competente.

Dou esse exemplo apenas para mostrar que não há limites para o ódio. Foi por ele que os caras fizeram busca e apreensão sem mandado, de madrugada, sendo que não podem fazê-la entre 6 da noite e 6 da manhã, a não ser em caso de flagrante delito.

Os caras fizeram isso no sítio do meu irmão, entraram de madrugada, gravaram lá... e no outro dia, o coordenador do Gaeco disse: é isso mesmo! Ou seja, ele quis dizer que a casa de cada um pode ser invadida por eles, porque eles estavam se achando num novo momento de Brasil, em que a sociedade estaria tutelada por quem teve a felicidade, - alguns a competência, outros nem tanto -, de passar em um concurso público para o Ministério Público. O concurso público garantiria à sociedade uma camada superior, inclusive à própria política, para que aberrações desse tipo pudessem acontecer.

Se alguém entra na tua casa de madrugada, sem mandado de segurança, imagine o que é que pode acontecer com o restante desse processo...

Nesses 3 anos eu não fui para nenhuma rádio, nem da capital nem do interior. Às vezes convidavam, eu ia, quando chegava me diziam que eu não podia entrar. Era desconvidado, não poderia falar. E veja que se trata de concessões públicas.

E por que é que fazem isso? Porque os argumentos são tão frágeis que não podem vir à luz, não podem me permitir que eu os exponha. Por isso, e eu acho que nesse Brasil que está por vir, o lawfare deve ser matéria obrigatória nas faculdades de Direito. É preciso conhecer a fundo estas operações que estão dentro desse arco chamado lawfare. Os nossos estudantes têm que estudar, por exemplo, a Calvário. Cadê as provas? Como é que você faz uma coisa dessas e não apresenta uma prova! Apenas narrativas e convicções?

Sequer conseguiram provar um único superfaturamento. Até tentaram criar uma prova falsa, a partir de uma constatação de uma outra OS, feita pelo atual governador, que diminuiu o valor oficial para pagar por fora a diferença. Era uma prova falsa e eu percebi isso. Aí, parece coisa divina, veio bater na minha mão um ofício dizendo que os recursos aportados estavam muito abaixo do preço mínimo, ou seja, estava sendo feito um subfaturamento visando criar uma prova falsa contra a minha gestão.

Os caras estavam se sentindo o máximo, como se finalmente tivesse voltado a época da ditadura. Esse povo aprontou, e esse povo enriqueceu. Aquele japonesinho lado da polícia federal, por exemplo, depois foi condenado por usar o cargo para ganhar dinheiro de contrabando. É sempre assim, aquele que se apresenta como a palmatória do mundo, você pesquisa um pouco e já vê que o cara tá enrolado em 1001 coisas. Aqui os caras estavam se sentindo o máximo.

Quem precisa saber de tudo isso não é só quem disputa um mandato, isso tem que ser introjetado pelas pessoas no dia a dia, porque nós cruzamos com esse povo todo aí por fora, e essa mentira foi muito aprofundada, é impressionante.

Agora eles não querem mais debater publicamente, porque começam a temer, porque essa história de Vaza Jato não dá só uma vez, não. Pode dar mais de uma vez? E veja que as coisas aqui foram feitas de uma forma violenta, mas sem nenhuma sustentação. Tinha o ex procurador do estado, um excelente advogado, o cara não pode mais advogar, não tem como trabalhar. Ele teve 3 buscas e apreensão em 10 meses! E as 3 vezes com drones, porque a imprensa era avisada e no meio da imprensa tem uma corja que serve exatamente para isso, que tem blogs com esse fim.

Nas três vezes não levaram absolutamente nada. Era apenas a expressão de chegar lá com duas metralhadoras, todos de preto, e a filha pequena abrir a porta, porque era hora de começar a se preparar para a escola. E aí, não levam um papel, mas passam três horas lá dentro, para que a pessoa ficasse marcada, para que não pudesse mais trabalhar.

E nós temos esse povo se colocando como se fosse o *crème de la crème* da sociedade. Que história é essa? E qual é a contribuição que se deu à sociedade ao longo desse tempo? O que querem, além de se aproveitar de uma onda, uma onda apensa a um resto de democracia, que para nós é insuficiente.

Essa democracia representativa que está aí, que dá cheque em branco para um eleito, ela não resolve muita coisa... e a nossa queda foi por conta disso. Porque ela foi se desgastando do mundo inteiro. Não é só aqui não, basta ver a palhaçada dos Estados Unidos, ver a que ponto chegou uma turba para poder invadir o Capitólio.

Ela não resolve porque, o poder está concentrado na tal das nuvens. Tanto o poder da informação, com as *Big Techs*, como o poder financeiro. O império não tem mais um país que está lá, ele está na nuvem, então, de lá, ele desestabiliza qualquer país. É isso que está em jogo hoje, e as democracias que existem não têm capacidade de responder a isso, porque economicamente ela não pode sair da armadilha, se sair cai. Porque a globalização não levou a isso, se sair cai!

Aquele mundo que a gente presenciou, o que vimos desde que nascemos, não existe mais. O mundo agora já está sendo orientado por outros polos, como o da China, da Rússia (da própria União Europeia, que vai ter que que voltar a respirar), e da América do sul... porque se o maior país da América do Sul, faz a reviravolta que a gente precisa fazer no dia 2 de outubro, nós vamos ter uma América (até com a Colômbia) em um outro cenário. Será uma outra história.

É por isso que eu estou convencido demais disso: essa coisa do lawfare não pode ser colocada debaixo do tapete, porque senão vai nos derrubar novamente.

Esse próximo Congresso vai ter que meter o dedo nessa ferida, só há cura se meter o dedo. Eu estou morrendo de vontade de fazer isso. Eu tenho encontrado com muita gente que me dá aulas, nesse sentido, como o pessoal do Prerrogativas... Essa coisa tem que ser discutida nesse país.

É por isso que eu acho que quando você tem uma produção como essa que nós estamos tendo aqui nesse evento do 247, você está abrindo janelas importantíssimas... porque existe uma disputa.

O juiz da Calvário foi julgado incompetente pelo STF. O Moro, lembram?, foi primeiramente julgado incompetente e depois parcial? Era portanto incompetente para ter derrubado o portão da casa de Márcia Lucena, como para prender uma deputada. Aliás, não podia, de jeito nenhum, mesmo que fosse competente, sem a autorização da Assembleia. Mas tudo isso foi feito.

E a gente engolindo tudo aquilo como se fosse um destino da política. É isso que eles tentaram nos dizer. A política sempre dá nisso, está vendo? É esta construção que tentaram fazer. Só que eles irão perder. Não tenho a menor dúvida.

Agora, o tempo é deles. O tempo não é de Márcia. O tempo não é nosso. O tempo é deles. Mas acho, sinceramente, que nós vamos no livrar disso quando nós vencermos, etapa a etapa, e reformularmos o nosso conceito de democracia.

Não há democracia sem educação igual para todo mundo. Se não tiver a mesma educação para o filho do gari e para o filho do empresário, se não tiver isso, esse país não será democrático, e isso é muito sério.

Porque para a gente chegar a isso, nós vamos ter que vencer a Globo, vamos ter que vencer o SBT... vamos ter que vencer todos os propagadores de mentiras, todos os manipuladores.

Eu li o livro *Só Agora Começou*, do José Sócrates, ex-primeiro-ministro de Portugal. Ele foi preso voltando de uma viagem, sob alegação de que poderia fugir. Mas eu estou voltando, como é que eu vou fugir? Você está preso! Aí ele chegou para o juiz e perguntou: qual é a acusação? O procurador disse, calma, só agora começou. Ou seja, o cara não tinha acusação.

Só aconteceu isso porque somos um perigo para esse tipo de gente direitista, atrasada, retrógrada, oligarca... nós somos um perigo. Graças a Deus que nós somos esse perigo.

DALMEY WERLANG

O Caso Dalmey

Todo agente policial acaba percebendo alguns pequenos desvios de colegas, infelizmente, já naturalizados. Mas o que vi acontecer na Laja Jato não tem qualquer precedente.

Sequer eu pertencia ao grupo da PF que atendia a Lava jato, eu era do núcleo de inteligência da Polícia Federal, o NIP, um setor especializado que tem uma vinculação direta com o superintendente do estado federativo e com Brasília. Mas algo muito grave estava por acontecer.

Foi no dia 17 de março de 2014. Houve muita preparação antes, mas eles atuavam muito fechados, e a gente só ficou sabendo da deflagração da Operação Lava Jato às seis da manhã e isso pela mídia. É que eles já vinham trabalhando forte com a mídia desde antes da deflagração, mas isso só soubemos depois. Poxa, era uma operação tão grande que nos surpreendeu. Daquela forma, aquele sensacionalismo todo.

Se chegasse ao meu conhecimento naquela dada o que soube depois, os denunciaria antes, e talvez os danos da Operação fossem muito menores, ou até a própria operação fosse desfeita, mas eles sabiam trabalhar à sorrelfa. Eles faziam muitas operações fechadas, mas que eles tinham algumas intenções específicas na Lava Jato não era Claro, não chegava para a gente, exatamente porque era tudo muito fechado. Era o juiz, o grupo restrito de procuradores e o grupo restrito de delegados, agentes e escrivães da Polícia Federal.

Eu estava trabalhando normalmente naquele dia, acompanhando um pouco a operação pelo noticiário quando, por volta das dez da manhã, subiram me procurando no núcleo de inteligência o Igor de Paula, que foi o coordenador da Lava Jato na Polícia Federal, e era casado com a delegada Danielle, a quem eu estava ligado hierarquicamente, o delegado Márcio Anselmo e o delegado Rosalvo, que era superintendente da PF em todo o Paraná e, portanto, meu chefe. Chegaram com uma demanda urgente, era preciso que eu instalasse uma escuta ambiental na cela 5 da carceragem da PF de Curitiba. Mais tarde chegaram a comentar comigo que nesta cela colocariam o Youssef e o Paulo Roberto, que já estavam sob custódia naquele momento e que chegariam no final da tarde.

Eu atendia a este tipo de demanda de várias delegacias fora da superintendência e, mesmo considerando a presunção de que tudo esteja sendo feito sempre dentro da lei, por padrão eu pedia que mandassem uma cópia para o chefe do núcleo do mandado judicial, para a devida formalização. A responsabilidade pela autorização judicial fica a cargo da delegacia que estiver à frente, mais exatamente do delegado que esteja presidindo o inquérito, mas com a cópia do mandado eu trabalhava mais tranquilo, na certeza de estar coberto. Contudo, naquela manhã isso sequer passou pela minha cabeça, nem faria sentido, pois eu estava ao fim e ao cabo recebendo uma incumbência, uma ordem de um superior.

Tudo bem, vamos fazer, respondi, já procurando eleger o equipamento mais adequado para aquela situação, e fazendo contato com a colega Maria Inês, pedindo que ela me auxiliasse no trabalho. Ato contínuo pedi a Igor que criasse os meios que dessem condições de realizar o trabalho com a discrição necessária.

Igor se prontificou a falar com Romildo, o agente que cuidava da Custódia, para que ele cuidasse de tudo que fosse necessário. Por volta quatorze horas Romildo ligou para mim: "Tá Pronto!". Depois eu soube que ele retirou os presos para o auditório, pretextando um culto religioso, e isso naquele que era um dia em tudo atípico. Mas, aparentemente, ninguém desconfiou de nada.

Como eu não era muito conhecido no prédio, vesti um jaleco e boné do pessoal de manutenção, até porque a vaidade é avessa ao trabalho que desenvolvia no núcleo de inteligência. Coloquei em uma mochila o material que eu precisaria usar e assim surgimos eu e minha colega na custódia esvaziada. Aí a gente fez a instalação.

A meu ver, o isolamento da área foi malfeito, havia gente que não deveria estar ali. Acho que isso pode ter ajudado depois no vazamento de que houve escuta. Bem, instalamos, fizemos os testes, estava instalado. Mas tudo feito às pressas, o que não é recomendável, o correto é planejar bem e com antecedência. Essa urgência foi o que comprometeu um bom isolamento da área. A Maria Inês comentou: "é muita gente esquisita, muita gente estranha aqui, isso chama a atenção!". Nós, da inteligência, seguimos uma doutrina muito rígida, mas não foi nada disso que vi nesse pessoal da Lava Jato, que trabalhava com um amadorismo absurdo, bizarro mesmo. E nós, de repente, tivemos de nos sujeitar àquilo, pela urgência que eles demandaram. Tivemos de renunciar a qualquer planejamento, fazer a toque de caixa.

Isso expôs muito a nós e a eles mesmos. Atribuo tudo isso ao evidente deslumbramento, eles estavam muito enlevados com toda aquela repercussão, essa é a verdade. Esse deslumbramento atrapalha muito. Na inteligência a gente aprende a renunciar à vaidade, a esquecer a soberba, você não tem que aparecer, você faz sem aparecer.

A vaidade os derrubou, e esse caso da escuta é exemplar, pois a escuta acabou descoberta em poucos dias, um desastre completo. Até então eu tinha a certeza de que a escuta era legal, e lamentei que tivesse sido descoberta, atrapalhando a investigação, que eu ainda reputava como correta, que visava criminosos corruptos. Foi com o tempo que vi que só visava inimigos que, tendo ou não cometido crimes, pagavam alto preço, enquanto amigos eram poupados e até protegidos.

O deslumbramento deles advinha da exposição midiática e os fazia avançar, e o avanço aumentava a exposição, em um círculo vicioso e... perigoso. Eles mesmos evidenciaram isso, ao começar a falar besteira pelos corredores.

O equipamento foi instalado na luminária da cela 5 no dia 17 de março, e passou a funcionar automaticamente. Eu poderia ligá-lo e desligá-lo remotamente. Mas ele ficou ligado, gravando, ininterruptamente em um receptor-gravador. Ele ficou ali até o dia 30 de março, aproximadamente. Creio que foi no dia 30, que ele foi desligado, ao ser descoberto e arrancado, parando naturalmente de gerar.

Quando foi feita a demanda na manhã daquele dia, avisei a Igor que tínhamos outras demandas e não teríamos condições de fazer a degravação. Dorme, tranquilo, ele respondeu, nem quero que vocês ouçam, a gente tem quem faça isso, um pessoal nosso. Imagino que fossem os policiais que estavam trabalhando nos telefones grampeados também. Isso ajudaria mesmo, pois ajudaria a diferenciar a voz de quem estava falando na gravação ambiental.

De fato, os áudios eram coletados por mim, em intervalos de 24h aproximadamente, e mandados para a delegada Erika Marena ou para o delgado Márcio Anselmo.

O dispositivo digital era criptografado, se alguém captasse aquela frequência não acessaria áudio algum, isso era fundamental para a segurança. A gravação era feita em um cartão de memória. Eu tirava o cartão para entregar e já repunha outro, previamente formatado. Assim que eu que retirava, eu fazia um backup em meu computador. Fiz uma pasta específica, que nomeei como “Márcio”, numa referência a Márcio Anselmo. Esse backup que me salvou, quando eu precisei provar que houve aquilo.

Naquele momento eu fazia o backup como uma redundância necessária porque caso haja algum problema técnico, como vou explicar para um juiz... afinal, pode parecer que foi intencional, pra salvaguardar alguém... muito complicado. Segurança em um caso assim é tudo. Um policial mal-intencionado pode dar fim em algum material e o backup será a prova que eu não houve má fé da minha parte. Se eu apenas coletasse e mandasse para eles, ficaria por demais exposto e, de alguma forma, na mão deles.

Então eu tinha esse backup, mas nunca ouvi nada, exceto um trecho mínimo pra confirmar que o áudio estava presente. Eu não ouvia por não ter curiosidade, mas também pela questão ética mesmo. Não era meu trabalho. Acrescia que eu sabia que quanto menos soubesse, melhor.

Depois de alguns dias Guarapuava precisou do nosso apoio. Em seguida foi preciso um apoio nosso em Minas Gerais.

Viajei para Minas Gerais, ao redor do dia 27. Era preciso colocar alguém para repassar os áudios, mas aí o Márcio Anselmo falou que não era mais preciso encaminhar o material. Parei então de encaminhar o material, mas deixei dispositivo funcionando.

Em torno do dia 10 de abril Igor me procurou por um interposto, agente Zanotto, que me informou que a escuta havia sido descoberta. Eu estava voltando de Minas Gerais para Curitiba, no aeroporto no aeroporto do Rio, quando recebi a fotografia do dispositivo, já arrancado e desmontado. Youssef havia descoberto e retirado o aparelho e o mostrou ao seu advogado Figueiredo Basto no parlatório, e o advogado tirou a foto que acabou saindo na imprensa.

Aquela foto foi mandada para mim. Falei, olha, aparentemente é o dispositivo que nós instalamos na custódia, pela imagem é ele, pra ter certeza preciso ver o número de série, mas pela imagem é ele. Zanotto então falou que o Igor queria falar comigo assim que eu chegasse. Falei, ó, eu estou no aeroporto do Rio, vou chegar tarde da noite... Então amanhã, na primeira hora. No dia seguinte, provavelmente dia 11 de abril, não tenho registro preciso das datas, Igor subiu à minha sala. Algo semelhante àquela subida que fez quando pediu a escuta, só que desta vez apareceu sozinho. Chegou falando: ó, já mandei a Erika e o Márcio apagar tudo que tem nos computadores sobre aquela escuta... foi quando o interrompi: apagar por quê? Vocês não tinham autorização para isso? Numa operação desse tamanho? Não é possível, vocês estão de sacanagem, né não?

Não era brincadeira.

A partir daí o clima entre nós ficou ruim, complicou, realmente ficou tenso. Aquilo foi uma quebra de confiança e eu não conseguia esconder minha profunda insatisfação com aquilo. O que já não estava muito bom, ficou pior ainda. Foi um ano muito difícil para mim aquele 2014.

Bem, naturalmente que eu não apaguei. Daí eis que minha máquina dá problema e é trocada, o que inclusive gerou suspeita de que tenha sido feito algo para que isso ocorresse. Nunca ficou provado nada, mas a suspeita é lídima. Só que quando eu loguei com minha senha na máquina nova, todos os arquivos do outro computador surgiram na tela, porque estavam guardados no servidor do núcleo, de forma que se houve sabotagem, de nada adiantou. Por máxima sorte minha.

Daí surgiu a questão dos dissidentes, ou melhor, começaram a criar essa questão, porque eu acho que as pessoas ficaram sabendo da escuta que eles queriam esconder. Resolveram atacar as pessoas que supostamente sabiam e a paranoia não foi pequena.

Ao perceber o descontentamento que tive ao saber que haviam demandado algo ilegal, as ameaças começaram. Inclusive uma ameaça explícita dentro do núcleo por parte de Danielle, esposa do Igor, que impôs a todo mundo ali que nada da Lava Jato poderia sair dali. Nenhum relatório poderia sair do núcleo de Curitiba para o Brasília, ou seja, para o DIP.

Aquilo foi virando uma histeria coletiva, ficamos num verdadeiro mato, e sem cachorro. Eu mais que todos. Houve inclusive uma tentativa de me taxar de louco. Era um autêntico, intenso e ininterrupto bullying.

Falar contra a Lava Jato era coisa para louco àquela altura. Enquanto isso foi sendo providenciada a (falsa) sindicância, presidida pelo delegado Moscardi. Eles tinham que dar alguma resposta. E é bastante óbvio que tenha havido um acordo com Moro e com tudo.

Eu não fui ouvido na sindicância, me enviaram três perguntas técnicas, tipo: que dispositivo é esse? como que ele funciona? é usado para quais fins?

Moscardi sabia perfeitamente que se me ouvisse a gente iria ficar numa situação bem complicada, porque eu seria explícito quanto ao que aconteceu. Essa sindicância foi encaminhada no sentido de concluir que o equipamento estava lá desde 2008, jogando na conta do Fernandinho Beira-Mar, para poder linkar com autorizações judiciais que realmente existiram em 2008.

Realmente, quando você coloca um equipamento, não busca tirá-lo em seguida. Simplesmente o desativa, porque a demanda pode vir novamente. O equipamento usado no caso do Beira-Mar foi retirado apenas dois anos depois, isso só se deu por requerer manutenção. Mas Moscardi tentou fazer um vínculo com aquele equipamento. O problema que acabou passando despercebido é que na época do Beira-Mar sequer tínhamos recebido o equipamento que foi fotografado pelo advogado do Youssef. Portanto, não podia ser.

Depois do grampo descoberto e do consequente azedamento da minha relação com o pessoal da Lava Jato, fiquei, dentro do possível, atendendo a demandas de fora da base de Curitiba.

Isso foi se mantendo mais ou menos assim até surgir o caso dos dissidentes, que começou com o vazamento de publicações que próceres da Lava Jato haviam postado em um grupo fechado do Facebook, atacando Lula e Dilma e defendendo Aécio Neves. Forçosamente esse vazamento foi providenciado por alguém do grupo, a suspeita toda recaiu sobre o delegado Paulo Herrera, que seria então um dos "dissidentes". Isso se deu no final de 2014, início de 2015.

O fato é que Igor criou uma narrativa em cima de dissidentes para esquentar as porcarias que eles fizeram. Essa narrativa propunha que Paulo herreira compôs um dossiê para atacar a Lava Jato, e assim favorecer os "corruptos". Abafar o caso da escuta era um de muitos objetivos, mas o principal. O fato é que Herrera virou alvo.

Passaram a usar as condições especiais que tinham, de ter um juiz na mão, o Ministério Público na mão, e a imprensa toda ao lado. Ao criar a ideia dos dissidentes poderiam destruir essas pessoas na mídia. A esta altura eu não estava incluído no grupo de pessoas que eles se determinaram a destruir para se protegerem, para se blindarem. A investigação dos dissidentes acabou me demandando no Núcleo de inteligência e acabou sendo direcionada ao delegado Mário Fanton, que Moscardi havia atraído para Curitiba, por certo contando que seria alguém que ele poderia controlar.

Grosso modo, Igor dizia que os dissidentes queriam pôr em xeque a sindicância sobre questão da escuta ambiental na sela, que queria incriminar a Lava Jato devido ao fato de Youssef ter recebido telefone celular para usar na cela e que os dissidentes estariam montando dossiês contra a Lava Jato.

O inquérito já tinha sido esboçado e continha dados quando puseram Fanton à frente da investigação dos dissidentes. Uma das primeiras coisas que Fanton me pediu foi tomar pé da sindicância (falsa) à qual eu havia respondido aquelas três perguntas técnicas. Foi quando descobri que a sindicância havia dado em arquivamento.

Acontece que havia muita ingerência dentro dessa investigação. Fanton assumiu e, junto comigo, ia tocando. Até que nos demos conta que era preciso estancar essas ingerências dentro da investigação. só assim poderíamos fazer a investigação de forma correta, porque os membros da Lava Jato na PF tentavam direcionar a coisa toda. Temiam que a gente fosse numa linha que poderia complicar para eles. Percebendo isso discutimos o que fazer para contornar o problema.

Eu me propus a fazer um Memorando com algumas exigências para a gente continuar naquela investigação. E fiz o Memorando, solicitei compartimentação, que parassem com as conversas sobre a investigação pelos corredores, já que aquilo estava comprometendo.

O memorando em si já criou um clima ruim, porque a Daniele pensou, o Dalmey está arrumando para mim, está criando regrinha para ter segurança nessa investigação.

Acontece que eles queriam ficar a par de tudo o que nós fazíamos, estavam paranoicos, preocupados, pois sabiam dos riscos, pelas coisas que fizeram no verão passado. Sabiam o que tinham feito. Por isso, Daniele ficou segurando aquele Memorando.

Advoguei com ela de que precisávamos desses recursos, e que teríamos de montar um escritório fora, porque era um caso muito sensível e não daria para trabalhar dentro do órgão em que trabalhavam alguns alvos.

Era fundamental montar um escritório fora da superintendência para fazer as diligências dos dissidentes. Ali estávamos muito expostos, e com muita gente dando pitaco.

Começamos a nos isolar. Primeiro fomos para a Delegacia de Entorpecentes, que era no centro da cidade. Mas lá foi a mesma coisa, o mesmo problema. Moscardi fazia lá o que Igor e Danielle faziam ali.

Como o memorando não avançou, porque demandava recursos e eles não deram recursos para a gente alugar e montar o escritório fora, isolado. Não deram os recursos e continuaram com as ingerências. Nos reunimos eu, Fanton e o Heraldo, um colega de Rondônia que estava conosco nesse inquérito dos dissidentes. Decidimos que o Eraldo, que conhecia muito bem o Rosalvo, pois trabalhou com ele em Rondônia, demandaria as mesmas coisas, mas diretamente com ele. Como superintendente, é certo que ele vai dar essa condição para a gente.

A Daniele, recorrendo a uma instrução normativa nossa, relativa à doutrina de inteligência que trata da segurança orgânica, que é usada quando há ameaça para a alguma operação, mandou instalar uma escuta no fumódromo, que era onde os policiais poderiam estar. O objetivo era investigar se alguém estaria se insurgindo contra a segurança orgânica do órgão. A Lava Jato por certo era o foco deles, na verdade, mas naquele momento isso não foi colocado nem aventado. Isso foi em 2015, mas ela demandou instalar pretextando fazer testes, para que começasse a funcionar depois de uma autorização judicial. Isso se deu durante a operação dos dissidentes, e o Fanton estava acompanhando tudo.

Ocorre que ao fazer o teste para ver se funcionava, ela pediu o arquivo para saber ilicitamente o que estava sendo falado. Percebi a jogada e aleguei que não havia funcionado pois, de fato, nem chegou a gerar arquivos. Fui firme, falei não, não dá para ouvir nada. Nada há a ser feito.

Mas todo dia de manhã ela me abordava: está ouvindo aí alguma coisa? E eu, entendendo a intenção dela: Não dá para ouvir nada, para entender nada. E foi ficando por isso mesmo.

Estava cada vez mais claro que ela não queria fazer aquilo para depois pedir uma autorização judicial, ela queria fazer aquilo obter informações de colegas policiais. Ela queria saber, mas na clandestinidade, e eu tinha dois motivos para não atender, o primeiro de ordem ética, o segundo de não me envolver com ilícitos que poderiam me prejudicar.

O Fanton me apoiou e acabou que o equipamento ficou instalado, mas desligado. Afinal, ela queria é bisbilhotar a vida dos colegas, essa é a verdade.

Voltando para a questão do Rosalvo. O colega falou com Rosalvo na tarde do dia seguinte à nossa reunião, como superintendente ele teria que dar respaldo para a gente, para a segurança dos investigados e a nossa mesma. Era preciso que tivéssemos domínio da situação, e Rosalvo era nosso último recurso.

O que aconteceu foi que o Rosalvo simplesmente se reuniu com Igor e Daniele e nos tirou da apuração, cancelou tudo, suspendeu a operação. Para eles, fomos nós, a partir daí, que viramos os tais "dissidentes".

Rosalvo falou para Fanton: você volta para Bauru. Falou pra mim, Dalmey, você está fora do NIP por quebra de confiança, e falou para o Heraldo, tua missão acabou, você está sendo mandado de volta para Rondônia.

Era isso, depois de quase 30 anos de inteligência, que geraram uma bagagem enorme, eu estava fora do NIP por quebra de confiança. E isso por iniciativa de Rosalvo, que era um sujeito limitadíssimo, marionete de Igor, Danielle et caterva. Principalmente do Igor, que era um cara inteligente e manipulador, mas também de Danielle, em menor grau. Ele se promovia com a Lava Jato, era adstrito, estava na mão deles, é certo, mas era vaidoso e com a Lava Jato aparecia na mídia, era isso, basicamente. E isso tudo o promovia politicamente, para ele era ótimo.

O fato é que não teve peito para propor a saída do pessoal da Lava Jato do inquérito dos dissidentes, até porque estava envolvido até o pescoço com eles. E daí o que aconteceu: dissolveu tudo. O Eraldo ficou espantado com a postura do Rosalvo, haviam trabalhado juntos em Rondônia, eram muito chegados. Virou inimigo?

O Faton ficou com algumas demandas para dar sequência e incluir no sistema antes de ir embora. Eu, o Fanton e o Heraldo tínhamos sinergia, trabalhávamos mais ou menos nos mesmos moldes, havíamos os três trabalhado juntos em Rondônia, havia uma sintonia fina entre nós. O dia seguinte à notícia amarga que o Rosalvo nos deu era um sábado, e o Fanton iria ficar no hotel fazendo o relatório que teria de entregar antes de partir.

Eu e o Heraldo fomos, a convite do Fanton, ao hotel dele para conversar com ele sobre aquele clima ruim que havia sido gerado. Foi ficando claro para a gente que o pessoal da Lava Jato agora viria para cima de nós, iria querer o nosso fígado. E eles tinham uma superestrutura na mão.

Nessa conversa eu falei: Fanton, você sabe por que que isso está acontecendo? Porque dentro desse inquérito dos dissidentes eles quererem também falar sobre a sindicância da escuta clandestina. E eles querem o controle total disso porque a escuta realmente existiu, fui eu quem a instalou. E aí narrei todas as circunstâncias. Ele imediatamente me falou: você pode botar isso em depoimento? E eu não titubeei: Claro!

Ele tomou o Heraldo como testemunha e como escrivão e, a toque, tomou meu depoimento ali no próprio hotel. Por incrível que pareça, na segunda-feira, meu depoimento já tinha saído na Gazeta do Povo, e mais não sei onde. Eu não sei como vazou. Só sei que o Fanton mandou esse depoimento para Brasília.

Na segunda-feira já fui chamado na superintendência. Rosalvo tinha acabado de entrar em férias. Quem havia assumido era o

Washington, que me chamou na sala dele, já me botando na parede: poxa, que história é essa? A gente se dá tão bem aqui... E eu: espera aí, a gente é profissional, não tem isso de se dar bem.

Só que saiu na Veja, na Época, na Gazeta, o depoimento vazou com tudo... E eu puto, porque aquilo era para ser investigado. Mas foi exatamente pala melar a investigação que alguém lá de cima vazou. Provavelmente querendo melar a Lava Jato, só que de quebra me ferrava, porque eu depus ao Fanton a nível de inteligência, investigação e responsabilização das pessoas. E daí sai na mídia?...

O assédio do Washington continuava e aí falei pra ele: veja o que está acontecendo, nós alertamos vocês, precisávamos fazer essa operação com isenção, mas vocês fizeram a escolha errada, não eu. Eu não tenho nada, pois eu não vou ficar abraçado com os erros de vocês não. E ele: Então é o seguinte, você vai para Guarapuava ou Paranaguá, você escolhe aí. Eu falei que tinha que ficar com a minha família, em Curitiba, porque alguém de vocês vazou isso aí e agora tenho que dar segurança para minha família. Eu tenho que ficar aqui. Mas foram irredutíveis. Eu teria de escolher. Aí começou o assédio pesado, tive que optar. Escolhi Paranaguá, pra ficar mais perto de casa pra dar assistência pra minha família.

A Lava jato estava bombando como Deus na Terra, o povo ensandecido. Eu falava pra eles, os caras vão quebrar minha casa... atirar na minha mulher... Mas não quiseram saber, meteram o terror, e eu fui para Paranaguá.

Lá, toquei serviço do jeito que dava, numa tensão, num estresse enorme, vivia preocupado com minha família e com tudo mais, porque a imprensa não parava e o pessoal da Lava Jato colocou a nós como dissidentes. A partir dali nós passamos a ser os dissidentes, com a opinião pública contra nós. Alegavam que eu havia inventado o que depus relativo à escuta, que eu e Fanton tínhamos conchavo com o Iegas, que foi superintendente antes do Rosalvo, nos cristalizando como dissidentes.

Quando teve a Lava Jato, o Iegas havia ascendido ao posto de diretor da inteligência em Brasília, enquanto o Galdino, que havia sido chefe do NIP antes da Danielle, era o diretor de contrainteligência, subordinada ao Iegas. Daí advém a questão de não poder levar nada para Brasília.

Assim, o Daiello, um delegado fraco que era superintendente de São Paulo, foi alçado pelo Ministro Cardoso a diretor geral da PF. Por mais incompetente que fosse, São Paulo é forte, catapulta politicamente, e o Ministério da Justiça colocou o Daiello na direção-geral.

Mas havia alguma coisa no ar. O pessoal já estava preparando o território para a deflagração da Lava Jato, então eles precisavam tirar pessoas como Iegas, que não era tão alinhado à direita, era um cara mais de centro e mais legalista, muito proativo, que tinha sido um bom superintendente, mas que não era interessante para os propósitos da Lava Jato.

Foi provavelmente por isso que Daiello levou o Iegas como diretor de inteligência dele, para tirá-lo do Paraná. Aí abriu a superintendência para o Rosalvo, permitindo que Igor e Daniele tomassem conta da superintendência.

A minha experiência me faz crer que eles prepararam esse ambiente antes, pois, já sabendo o que a Lava Jato ia ser, determinadas pessoas não poderiam estar ali. Iegas era uma delas. Eles tinham que ter gente deles, e é aí que entra a figura útil do Rosalvo, um homem manipulável.

O Ministério público certamente também fez sua ingerência, com certeza tudo isso foi tratado nos bastidores. Não foi coisa feita de afogadilho não, foi bem pensada. E a própria justiça, no caso a Décima Terceira Vara, estava nisso, inclusive pra tirar o Iegas, e tudo, por certo, foi pensado adredemente entre eles.

Talvez o Cardoso tenha entrado de gaiato nessa, sem perceber. Ou, ao contrário, tenha feito jogo duplo, afinal a Lava Jato deitou e rolou e ele, mesmo sendo Ministro da Justiça, não conseguiu ou não quis pôr freios nos abusos. Consta que no episódio do mensalão, apesar de petista, ele jogou contra, articulando-se com banqueiros interessados nos fundos de pensão para atacar nomes do próprio PT. Teria mordido torpemente, e depois assoprado. Mas se ele tinha envolvimento com os interesses dos lavajateiros ou não, só a história vai esclarecer. O fato é que a indicação de um Diretor-geral que limparia a barra em Curitiba para a ação ilegal do pessoal da Lava Jato é algo que enseja alguma suspeição.

Quando nós levamos para instâncias superiores, a gente esperava dele, como Ministro da Justiça, não é fazer propriamente ingerência dentro da polícia, mas que montasse uma força-tarefa para fazer diligência em cima da informação que levamos. O pessoal da Lava jato continuaria tocando, mas teria um pessoal para investigar a questão dos grampos, das escutas ambientais, dos celulares com presos... Aí, se comprovasse, derrubaria tudo. Se estivéssemos mentindo, que fôssemos punidos conforme seria nosso merecimento... mas nada foi feito por parte do Ministério da Justiça, e isso é no mínimo inquietante.

Bem, ficamos num paradoxo, em aporia, numa verdadeira sinuca de bico porque, como policiais federais, teríamos de relatar o ocorrido ao procurador que estivesse cuidando do caso, que quanto aos dissidentes era o Paludo. Eu mandei um Memorando para ele. O órgão fiscalizador da Polícia Federal do Paraná é o Ministério Público do Paraná, que era dominado pela Lava Jato. Sabíamos que seria um tiro no pé, mas era o que tínhamos obrigação de fazer, informar ao procurador as ilegalidades.

Havia inclusive o grupo que se denominava Filhos do Januário, Januário Paludo, no caso, o pai, a meu ver por ter se mostrado o maior bandido de todos. E nos cabia denunciar a ele, foi o que fizemos.

Assim, Fanton estava em Brasília, depondo no DIP, na Corregedoria, onde foi ouvido, enquanto isso eu levei para o procurador. Com isso cumprimos nosso papel de servidor público, seguindo a cartilha. Em nenhum momento aventamos fazer de outra forma, mesmo sabendo que aquilo poderia, como realmente aconteceu, se voltar contra nós. Sempre foi assim: quando o vassalo denuncia o crime do rei, é o vassalo quem vai para a forca.

Eu e o Fanton não nos conhecíamos até então, a gente foi adquirindo confiança um no outro à medida que as coisas foram acontecendo, eu vi que ele queria levar a sério aquilo. Mas no começo eu tomava muito cuidado, afinal ele havia sido trazido pelo Moscardi, e se eu falasse alguma coisa da escuta pra ele e ele estivesse com os caras da Lava Jato? Eu seria trucidado. Por isso que só falei quando a coisa toda já estava colocada, quando vi que o Fanton queria só a verdade, nada mais, isso me encorajou para contar a ele, mas isso só lá na bacia das almas, quando o inquérito já havia sido interrompido justamente em favor dos lavajatistas da PF.

Na verdade, o Fanton foi trazido para assinar o que eles faziam, para que eles não precisassem pôr o nome deles nas coisas. Mas eles foram percebendo que ele não seria esse cara, que ele não era o mosca morta que imaginaram que era. Acho que, ao contrário, o grande erro no plano deles foi colocar o Fanton e a mim, creio que me colocaram pensando que meu interesse era de que ninguém soubesse que eu havia instalado o grampo. Esqueceram que fiz isso em nome deles. Eu sempre fui antes de tudo um legalista, fiel absoluto à doutrina.

O Fanton começou a se contaminar com a minha forma de pensar e a adquirir confiança e vice-versa, foi uma simbiose. A gente se uniu, era a fome com a vontade de comer. Só que, infelizmente, na Lava jato estava tudo dominado e com a mídia na mão deles.

Eu poderia ter ficado quieto? Não, eu não podia, porque havia colegas honestos sendo perseguidos. Se eu me calasse, se o Fanton se calasse, ele iria para Bauru na boa, eu iria casa, tudo certo conosco. Mas o que iria acontecer? Eles iriam dar continuidade à operação botando alguém mau-caráter para tocar, e assim iam destruir a vida dos colegas e muito provavelmente iriam vir para cima da gente, porque a paranoia não ia acabar.

Eles enfiam a flecha e depois desenham o alvo, ficaram de 2015 a 2018 nos investigando a fundo. Não vou falar de mim, mas posso dizer que essa investigação só provou que o Fanton é íntegro, porque por mais que fuçassem não encontraram nada. Aí nos impuseram o crime de ter deposto na CPI, alegando quebra de sigilo. Ora, fomos convocados como testemunhas, comprometidos com a verdade.

E isso você não tem como explicar para as pessoas, as pessoas não conseguem ver. O livro talvez esclareça isso. Hoje o que existe é um monte de papel, de depoimentos, mas tudo escondido, sigiloso, e assim a verdade não vem à tona. Enquanto isso vivemos uma situação caótica de terrorismo doméstico, e isso tem tudo a ver com a Lava Jato.

Na época o terrorismo que eu vivia era em Paranaguá, eu vivia em sobressalto, sabendo que a qualquer hora eles poderiam a pretexto de qualquer coisa estourar ali com uma operação e me levar preso.

Eles haviam preparado isso, destruindo nossa reputação via mídia, se fôssemos presos haveria comemoração. Nossa maior apreensão era a de que eles forjassem alguma prova contra nós.

Agora, embora eles tivessem toda a guarida, todas as facilidades, ao mesmo tempo eles também estavam terrivelmente amedrontados conosco, porque sabiam o que haviam aprontado e que nós sabíamos de tudo, então era por assim dizer um temor de duas vias.

Quando soube que a gente levou isso para Brasília, a Lava Jato soltou uma nota à imprensa, coisa do Dallagnol, certamente, mas assinada pelos nove procuradores. No último parágrafo, por exemplo, consta que: "A força-tarefa da Lava jato confia que a população e os mais diversos setores da mídia e do próprio poder judiciário saberão separar os fatos que, se espera, venham a surgir límpidos e claros das investigações [que nem haviam começado, mas eles a antecipavam] de outras versões ingênuas [se referindo à nossa versão, que era verdadeira] ou até mesmo criminosas". Veja-se que estavam já nos condenando antemão, e isso apenas 10 dias após a denúncia. Ali eu pensei: ferrou! A Lava Jato vem para cima da gente. E eu conhecia o método vale-tudo deles, inclusive o de plantar provas. Tínhamos todas as razões para ficarmos tensos.

Quando estava me preparando para ir para Paranaguá, fui à superintendência para fazer a limpeza de minha estação de trabalho. Ao limpar os computadores, tirando coisas minhas, me deparei com a pasta dos áudios. Aquilo me gelou, na mesma hora fiz um memorando para a inteligência lá em Brasília dizendo que minha máquina deveria ser aprendida urgentemente, pois continha provas da denúncia que fizemos. Foi o que me salvou, porque senão aquilo seria destruído. Eu não poderia fazer um backup, isso seria ilegal e me comprometeria. Agi dentro da legalidade.

Além de fazer o documento pedindo a apreensão do meu computador, era necessário dar um jeito na escuta da escada. Eu não poderia ir embora e deixar aquilo ali. Não estava funcionando porque estava desligado, mas estava instalado o equipamento. Conversei com a Daniele sobre tirar aquela escuta. Aí ela falou: "pô, tá me ameaçando?". Falei não, eu estou falando que aquele equipamento que está lá na escadaria não pode ficar lá. Ela disse que não havia nada de ilegal ali e chamou o Washington, o superintendente. Ele falou deixa lá. Não tem nada de ilegal.

Aí eu procurei o Fanton e o atualizei sobre o ocorrido. Ele me pediu para procurar o delegado Rivaldo que era um dos suspeitos de dissidência. Ele não estava sendo investigado, mas os caras não confiavam nele, porque ele era muito ligado ao Iegas. Rivaldo fez contato com Brasília e ficou esperando uma posição do diretor-geral, o Daiello, para fazer o serviço. Mas Daiello não fez nada, não tomou medida nenhuma. Ao contrário, falou com Igor, Danielle e Rosalvo para se articularem, fiquei sabendo disso no dia seguinte.

Aí o Rivaldo me disse: "eu vou esperar, se o Daiello não der uma posição, eu não vou fazer isso aí. E, de fato, ele fez o flagrante da escuta. E, para minha garantia, eu gravei a conversa com Daniele e com o Washington.

Quando houve a sindicância, Daniele e Washington negaram tudo, disseram por escrito não saber nada daquilo. Aí eu passei a gravação para o pessoal da sindicância, e isso ferrou com eles, porque eles tiveram de mudar toda a versão deles 5 dias depois. deveria ter dado falsidade ideológica, mas...

Aí entra a figura da Tânia Fogaça, da Corregedoria em Brasília, que já estava pensando em fazer uma diligência em cima da gente por termos destruído o inquérito dos dissidentes que eles estavam preparando. Eles já criaram o inquérito 3/2015, que vasculhou a fundo a nossa vida, a minha e a do Fanton. Embora investigasse mais gente, os alvos principais éramos nós.

Aí, já no dia 20 de maio, a versão impressa da revista Veja fala em sabotagem ou negligência, mostrando foto da escuta na parede, invertendo tudo, dizendo que a escuta visava ouvir os delegados da Lava Jato. Jogo pesadíssimo.

Ato contínuo fomos convocados à CPI, depusemos em sessão secreta e, a partir daí foram sindicâncias, inquéritos e processos que nos colocaram numa situação kafkiana, da qual até hoje não conseguimos nos libertar completamente.

Ganhamos muitos processos, mas eles vão desdobrando em processos administrativos, escondendo provas que de tudo que possa ir contra a narrativa que criaram, qual seja, de que eu e o Fanton queríamos atacar e destruir a Lava Jato.

O direito do inimigo e o lawfare a céu aberto foi regra absoluta desde o dia em que ousamos pedir para superintendência nos garantir as condições para que tocássemos a investigação do inquérito dos dissidentes de forma isenta, com o necessário sigilo e legalidade.

CLAYSON FELIZOLA

Lawfare nunca mais - A voz das vítimas - Com Clayson Felizola

Transmitido ao vivo em 10 de dezembro de 2020

www.youtube.com/watch?v=QkbaPNjyKRo

As várias faces do lawfare

A justiça como ferramenta da injustiça

O lawfare, em sua devastadora potência, age como um mecanismo que, se mal interpretado, pode conduzir indivíduos a agir de forma inconsciente contra seus interesses pessoais, os interesses de sua classe social e até mesmo os de seu país. Tal engrenagem perversa não apenas filtra quem pode ou não participar do diálogo público, mas também serve como árbitro na seleção de empresas destinadas ao sucesso ou ao fracasso. Além disso, em sua extensão máxima, determina a subjugação de um povo por outro. Este processo opera primordialmente através do seu poder de definir e classificar: ele estabelece quem será marginalizado, desumanizado e condenado antes mesmo de ter a chance de se defender.

No início da década de 1980, o surgimento da bomba de nêutrons gerou alarde global por sua capacidade sinistra de exterminar a vida orgânica enquanto preservava as estruturas físicas. Trata-se de uma arma concebida para dizimar pessoas, mas não a riqueza ou o patrimônio que elas haviam construído. De maneira análoga, o lawfare opera sob uma lógica insidiosa: ele não busca destruir a riqueza em si, mas sim despojar o seu legítimo detentor, possibilitando que esta riqueza seja transferida para as mãos daqueles que instigam esse tipo de guerra jurídica. Como a bomba de nêutrons, o lawfare preserva a estrutura – seja ela corporativa, política ou social – mas elimina os indivíduos que poderiam ser obstáculos para os objetivos de quem o utiliza. Afinal, não é a destruição da riqueza o objetivo, mas sim a sua realocação estratégica.

Esta obra, bem como seus volumes subsequentes, busca cumprir uma função crucial frequentemente ignorada pelos principais meios de comunicação: dar voz às vítimas do lawfare. Através de uma abordagem detalhada, o livro busca elucidar as sutilezas e as consequências destrutivas dessa forma de guerra de baixo custo, que se revela paradoxalmente cara para apenas um dos lados envolvidos. Enquanto sacrifica e silencia seus alvos, o lawfare simultaneamente imuniza e eleva seus instigadores, criando uma dinâmica perversa que amplifica ainda mais as desigualdades e injustiças. A intenção é, portanto, lançar luz sobre essa assimetria, dando voz àqueles que foram marginalizados e desumanizados, e fornecer uma perspectiva mais completa do real impacto desta estratégia jurídica beligerante.

Este livro se propõe a ser um espaço de articulação para as vítimas de lawfare, um fórum onde suas vozes podem ser ouvidas e suas histórias contadas. Embora eu próprio não seja um alvo direto da máquina judicial estatal que caracteriza o lawfare clássico, me vejo como uma vítima indireta, um elo numa cadeia mais complexa de eventos e estratégias. Sou acometido não pela justiça estatal, mas por um processo coletivo que se vale da desinformação e do revisionismo histórico para pavimentar o caminho para golpes de estado. Estes, uma vez instituídos, acabam recorrendo ao lawfare como tática de manutenção do poder e silenciamento da dissidência.

O meu caso exemplifica uma dimensão mais ardilosa e talvez menos evidente dessa estratégia: a vitimização por "efeito dominó". Por outras palavras, sou vítima de um ambiente que foi condicionado para aceitar, e até mesmo apoiar, práticas de lawfare. Este cenário, meticulosamente arquitetado através de desinformação e manipulação da narrativa pública, cria um terreno fértil para a aplicação de golpes de estado e, posteriormente, de lawfare institucionalizado. Assim, mesmo não sendo o alvo direto das garras judiciais do estado, sou igualmente uma vítima, atingido pela onda de impacto que essas táticas geram no tecido social e político.

Neste contexto, apesar do interesse pelo assunto e de tudo que tenho lido a respeito, o objetivo aqui não é presunçosamente estabelecer uma definição exaustiva de lawfare. Em vez disso, o foco recai sobre a acepção mais circunscrita do termo: "uma guerra jurídico-midiática voltada para a desestabilização de figuras políticas, partidos ou nações". Dentro dessa compreensão, a intenção é explorar especificamente uma das táticas empregadas para preparar e implementar esse tipo de estratégia vilipendiante.

O lawfare, quando aplicado contra uma nação inteira, envolve uma intricada rede de estratégias que vão além do simples aparato judicial. Embora implique operações de espionagem e a formação de alianças espúrias, que podem envolver consideráveis recursos financeiros e políticos, o cerne do lawfare reside na conquista das "almas da nação", na moldagem do consenso público. Esse processo seletivo de deslegitimação geralmente foca em indivíduos específicos que são participantes ativos do debate público ou que detêm algum nível de poder decisório dentro das estruturas estatais.

Essas são as vítimas primárias e mais profundamente afetadas pelo lawfare. Elas são alvos de uma série contínua de denúncias falsas, que são amplificadas e perpetuadas por campanhas de linchamento midiático. O objetivo é duplo: primeiro, descreditar e marginalizar esses indivíduos para remover qualquer obstáculo ao plano mais amplo de desestabilização; segundo, e talvez mais insidiosamente, alinhar a opinião pública aos propósitos dos perpetradores do lawfare.

Estes últimos frequentemente se apresentam como paladinos da justiça, defensores dos cidadãos comuns, quando, na realidade, estão trabalhando contra os interesses desses mesmos cidadãos. O trágico é que esses cidadãos, muitas vezes sem perceber, acabam se tornando o suporte inadvertido para o lawfare, sustentando e até acelerando o processo que, em última instância, se volta contra eles mesmos. Este livro serve, então, como um grito de alerta e uma plataforma para aquelas vozes que foram silenciadas, mas que precisam ser ouvidas para desvendar a complexa tapeçaria de manipulação e opressão que constitui o lawfare.

A contrainformação é um instrumento vital na maquinaria do lawfare. Ela opera sobretudo através da circulação de informações falsas ou enganosas, muitas vezes divulgadas em manchetes de meios de comunicação que estão alinhados ideologicamente com os instigadores do lawfare, ou que são remunerados para esse fim específico. Essa difusão de falsidades não ocorre de forma isolada; ao contrário, é potencializada por um ciclo de republicações e compartilhamentos em redes sociais.

Nesse ambiente digital, a linguagem de memes assume um papel particularmente eficaz. Memes, em sua simplicidade visual e textual, têm o poder de destilar ideias complexas em formas facilmente digeríveis e altamente compartilháveis. Eles atuam como veículos de propaganda de fácil acesso e rápida disseminação, capazes de alcançar e persuadir um público amplo em um curto espaço de tempo.

Em paralelo a isso, plataformas de vídeo como o YouTube se tornam espaços férteis para a propagação dessa contrainformação. Canais podem ser criados para amplificar essas falsidades, proporcionando uma espécie de "eco câmara" onde as mensagens não só se reverberam, mas também se intensificam. Esses vídeos frequentemente adotam uma postura pseudojornalística ou de análise especializada, conferindo uma camada adicional de "credibilidade" à desinformação apresentada.

A sinergia entre esses elementos cria uma espécie de rede contrainformacional multifacetada e altamente eficaz. Ela permeia o ambiente informacional, condicionando a percepção pública e criando uma narrativa alternativa que serve aos propósitos dos arquitetos do lawfare. O resultado é um terreno fértil para a desestabilização social e política, onde as verdadeiras vítimas do processo muitas vezes se encontram desamparadas e descredibilizadas, enquanto os verdadeiros perpetradores operam sob um manto de legitimidade fabricada.

É bastante acertado apontar a continuidade desse fenômeno comunicacional com ideias propostas por pensadores como Guy Debord e os teóricos da Escola de Frankfurt. No caso de Debord, sua obra "A Sociedade do Espetáculo" discorre sobre como a vida moderna foi transformada em uma série de representações, um espetáculo que substitui as interações e relações autênticas. O lawfare e a contrainformação se inserem perfeitamente nesse esquema ao oferecerem um espetáculo midiático que desorienta e confunde, deslocando o foco de questões materiais e relações de poder para um campo simbólico carregado de ilusões. O espetáculo torna-se um instrumento de pacificação e alienação, servindo para despolitizar e desmobilizar a população.

Já a Escola de Frankfurt, com sua crítica à "Indústria Cultural", também oferece uma lente analítica valiosa. Teóricos como Adorno e Horkheimer argumentavam que a cultura de massa operava como uma forma de controle social, que padronizava e nivelava o gosto e o pensamento, reforçando as relações sociais existentes e as ideologias dominantes. No contexto do lawfare, a contrainformação seria uma manifestação extrema desse processo, onde os meios de comunicação não apenas reproduzem, mas também intensificam as desigualdades e injustiças sociais.

Nesses modelos teóricos, vemos a transformação da comunicação em um instrumento de dominação. Tanto a "Sociedade do Espetáculo" quanto a "Indústria Cultural" atuam no sentido de corroer o espaço público, minar o debate crítico e desestabilizar o entendimento comum da realidade. A contrainformação e o lawfare são, nesse sentido, sintomas de uma condição sociopolítica mais ampla, que já foi perspicazmente diagnosticada, mas cujas implicações continuam a se desdobrar de formas cada vez mais complexas e insidiosas na era digital.

Sem dúvida, a internet e as tecnologias digitais amplificaram exponencialmente o alcance e a eficácia dessas dinâmicas sociopolíticas que foram inicialmente observadas por pensadores como Guy Debord e a Escola de Frankfurt. Antes confinadas aos limites da mídia impressa, da televisão ou do rádio, essas estratégias de controle e manipulação agora encontram um terreno ainda mais fértil no espaço virtual. Na internet, as barreiras à entrada são significativamente reduzidas, permitindo que praticamente qualquer pessoa ou entidade produza e dissemine informação.

Essa democratização aparente, no entanto, carrega consigo um lado sombrio. Ela não apenas facilita a difusão de informações verídicas e debates genuínos, mas também serve como um amplificador para a desinformação, as teorias da conspiração e outras formas de manipulação cognitiva. O volume e a velocidade com que as informações circulam online tornam difícil para o público discernir o verdadeiro do falso, o autêntico do fabricado.

Além disso, a personalização do conteúdo através de algoritmos cria "câmaras de eco" que reforçam as crenças e atitudes preexistentes, contribuindo para uma maior polarização e fragmentação social. Esse ambiente pode ser habilmente explorado por atores que buscam instigar o lawfare, já que podem usar essas plataformas para gerar uma aparência de consenso ou de legitimação em torno de suas ações.

Portanto, estamos lidando com uma espécie de "Sociedade do Espetáculo 2.0" ou "Indústria Cultural 2.0", onde as ferramentas e estratégias de manipulação se tornaram mais sofisticadas, abrangentes e, paradoxalmente, mais difusas. As formas clássicas de controle e dominação identificadas por Debord e pela Escola de Frankfurt não foram superadas; elas foram adaptadas e potencializadas para um mundo cada vez mais interconectado e digitalmente mediado.

Como provavelmente você saiba, mantenho um canal no YouTube por mais de uma década, e nele emprego as mesmas ferramentas digitais frequentemente usadas para desinformação, mas com uma finalidade distinta: desmantelar as falsidades disseminadas e denunciar as consequências nefastas resultantes deste processo. Embora o canal opere com recursos escassos, sua contribuição crítica se soma aos contrapesos às narrativas dominantes.

Neste contexto, cabe destacar um caso particularmente alarmante: a empresa *Brasil Paralelo*, que mantém um canal exclusivamente voltado para a reconfiguração da história. Este canal não se limita a reinterpretar eventos longínquos; também revisita acontecimentos recentes, tudo com o objetivo de angariar simpatizantes para um projeto de poder. A gravidade dessa prática ressalta a necessidade de vigilância crítica constante na paisagem midiática atual.

Em uma ocasião futura, valerá explorar com maior minúcia a audiência desses canais em diversas dimensões, bem como as consequências para aqueles que consomem tal conteúdo. Seria essa audiência capturada primordialmente pela simplicidade conceitual dos argumentos apresentados? Pela teatralidade apocalíptica dos eventos manipulados nesses vídeos? Ou estaria composta em sua maioria por indivíduos cujas almas foram corroídas pela frustração? Embora essas questões mereçam uma investigação mais detida, o foco desta análise se volta para a empresa em si: seus fundadores, seus patrocinadores e suas metas. Finalmente, examinaremos como essa organização não apenas dissemina informações questionáveis, mas também exerce uma forma intimidatória de lawfare, adaptada ao seu próprio estilo e estratégia.

*

O lawfare genuíno vai muito além de uma simples perseguição judicial. Trata-se de uma estratégia sofisticada que mobiliza o aparato jurídico de um Estado com o objetivo de neutralizar e deslegitimar oponentes político-ideológicos. Esse método não só visa a punição legal de um indivíduo ou grupo, mas também busca modificar a narrativa pública, enfraquecer movimentos de resistência e, em última instância, alterar a configuração de poder dentro de uma sociedade.

O lawfare, portanto, envolve uma aliança muitas vezes obscura entre agentes judiciais e interesses políticos e/ou econômicos, que utilizam a legislação e os procedimentos legais como armas de guerra política. O alvo não é apenas o indivíduo, mas frequentemente todo um grupo social, partido, movimento ou até mesmo uma nação. E os efeitos colaterais são devastadores, levando a rupturas democráticas, instabilidade social e desconfiança nas instituições.

Dado o impacto potencialmente massivo do lawfare, é fundamental que qualquer discussão sobre o tema seja informada, precisa e, acima de tudo, cautelosa. A banalização do termo não só confunde o debate público, mas também pode inadvertidamente servir aos interesses daqueles que empregam o lawfare como uma ferramenta de poder.

É crucial distinguir com clareza entre o que é comumente chamado de "ataque de lawfare" e o que, de fato, constitui uma "perseguição judicial". Quando alguém está sob um dilúvio de processos judiciais por parte de um adversário ou de uma entidade com intenções destrutivas, isso geralmente é percebido como um exemplo de lawfare. No entanto, essa interpretação não é conceitualmente rigorosa. Esses casos são mais bem descritos como perseguições judiciais, uma prática que, embora prejudicial, não possui a complexidade estratégica ou as implicações políticas e sociais que são inerentes ao lawfare. Essa distinção é mais do que uma questão semântica; ela tem implicações práticas. Se banalizarmos o termo "lawfare", diluindo seu significado ao aplicá-lo indiscriminadamente, acabamos por facilitar o caminho para a própria prática de lawfare, já que a falta de definição clara torna mais difícil combatê-lo eficazmente.

O caso que vou tratar aqui não se enquadra nos exemplos convencionais de lawfare, que geralmente implicam ou em uma cooptação da estrutura judicial do Estado ou em uma série de processos judiciais contra um indivíduo com o intuito de destruí-lo. Em vez disso, estamos diante de uma espécie de híbrido, uma forma privatizada de lawfare. Neste modelo, as vítimas imediatas são aquelas pessoas que ousam revelar as práticas nefastas dos responsáveis por essa maquinaria de desinformação. Entretanto, a lesão se estende muito além, atingindo a sociedade em seu cerne.

Esta modalidade de lawfare tem dois objetivos claros, embora possa haver outros menos óbvios. Primeiramente, busca-se fomentar um descrédito generalizado em relação ao conhecimento formal e à educação. Em segundo lugar, esse mecanismo pretende lançar o cidadão em um abismo de incertezas e dúvidas, pavimentando o terreno para o surgimento de figuras míticas artificialmente construídas e charlatães que ostentam títulos acadêmicos que não possuem. Esse processo corrosivo pode ser observado na ascensão de personalidades como Bolsonaro e Olavo de Carvalho. A magnitude do dano que tais práticas podem infligir é algo já bem conhecido por aqueles que têm acompanhado esta discussão até o momento.

Mas vamos ao caso específico, ressaltando que tudo que se segue teve como principal fonte um profundo levantamento jornalístico feito pelo excelente e credibilíssimo *Intercept*.

No final de agosto de 2021, o acadêmico Carlos Zacarias, um renomado historiador, teve uma surpresa em Salvador. Ao abrir um envelope castanho que veio de Porto Alegre, descobriu uma extensa notificação extrajudicial. A carta indicava que Zacarias, que é professor de história na Universidade Federal da Bahia (UFBA), deveria publicar uma "retratação escrita" da produtora Brasil Paralelo no prazo de uma semana. Para orientação, foi fornecido um rascunho de "direito de resposta" de três páginas.

Zacarias havia expressado suas críticas à Brasil Paralelo em uma publicação no Facebook em 11 de julho, descrevendo a produtora como "uma plataforma de 'conteúdo' de história com caráter revisionista/negacionista". A notificação extrajudicial baseava-se na lei 13.188 de 2015 que estabelece o direito de resposta. Depois de procurar conselho jurídico, Zacarias optou por não publicar a retratação. Ao invés disso, ele decidiu compartilhar a situação publicamente em uma nova postagem. "Sou um intelectual público. Estudo partidos e movimentos de esquerda e, por necessidade, passei a estudar os de direita também. Estudava o fascismo por necessidade de compreender o antifascismo. Hoje, estudo o fascismo por necessidade de combater o fascismo", Zacarias declarou: "Não sou o único a sofrer uma tentativa de intimidação da parte da Brasil Paralelo. Tenho, próximo de mim, jovens estudantes que vêm sendo alvo de investidas da produtora, que deve dispor de muito dinheiro para mobilizar escritórios de advocacia para tentar impedir que pós-graduandos desenvolvam pesquisas e publiquem suas conclusões sobre o assunto pelas pós-graduações do Brasil".

De fato, Zacarias não foi o único alvo. A partir de 2020, a produtora enviou pelo menos meia dúzia de notificações extrajudiciais para acadêmicos, além de iniciar outros seis processos judiciais contra editoras, sites e até mesmo contra a Wikimedia Foundation, responsável pela Wikipédia. Em sua maioria, estas notificações afirmam que a produtora é "imparcial", "independente" e "apartidária". Elas refutam também "qualquer ligação editorial, econômica, política ou ideológica" com figuras proeminentes da extrema direita, como o presidente Jair Bolsonaro ou seu boquirroto mentor ideológico, o agora falecido Olavo de Carvalho.

Antes, no início de junho de 2021, Rosenéia Hauer, diretora da Texto e Contexto, uma pequena editora acadêmica localizada em Ponta Grossa, no Paraná, também foi pega de surpresa ao receber um envelope verde e amarelo repleto de documentos. Tratava-se de notificações judiciais destinadas a ela e a quatro autores de artigos contidos no e-book "Nova direita, bolsonarismo e fascismo: reflexões sobre o Brasil contemporâneo". Este livro, organizado pelos jovens historiadores Mayara Balestro dos Santos e João Elter Borges de Miranda, foi publicado em dezembro de 2020 e está disponível para download gratuito no site da editora.

Nas correspondências, a Brasil Paralelo sustenta que os autores veicularam informações "inverídicas e difamatórias" e solicita a divulgação do "direito de resposta" – um adendo de três páginas proclama "livre de qualquer viés ideológico" a produtora. Além disso, busca se distanciar de personalidades como Olavo de Carvalho. Tudo muito semelhante ao modelo enviado a Zacarias (incluindo diversas partes idênticas, por sinal).

Hauer, perplexa, acabou cedendo e anexou as respostas ao final do e-book, conforme a produtora exigia. "Nunca vi algo similar em anos de publicações acadêmicas. "Como uma empresa pequena e ainda recente como a minha irá confrontar judicialmente outra que possui recursos para manter uma equipe dedicada a monitorar publicações e enviar notificações para todo o país?", questionou-se.

Entre os autores que receberam as notificações estavam Eduardo Pereira, que cursava mestrado em história na UFBA; Flávio Henrique Calheiros Casimiro, professor do Instituto Federal do Sul de Minas Gerais (IFSuldeMinas); Karine Rodrigues Firmino, mestranda em ciência política na Universidade Federal de São Carlos (UFSCar); e Mayara Balestro, na época mestranda em história na Universidade Estadual do Oeste do Paraná (Unioeste).

Para Casimiro, o ato de notificá-los representa uma tentativa de restringir a liberdade e a autonomia acadêmica e científica, partindo de uma "abordagem agressiva com o objetivo claro de intimidar", considerando o poder financeiro da empresa. "Enfrentar de forma valente esse tipo de ameaça à pesquisa acadêmica é um compromisso ético e político. Trata-se de uma linha de frente na defesa da liberdade e da própria democracia neste país.

Casimiro investiga a atuação política e ideológica de um grupo de organizações no contexto do surgimento conservador no Brasil contemporâneo. Dentre essas, o autor mencionou brevemente um lançamento da Brasil Paralelo no Fórum da Liberdade, uma conferência organizada pelo Instituto de Estudos Empresariais, em Porto Alegre. Ele também apontou a influência das ideias de Olavo de Carvalho e as relações da produtora com a extrema direita bolsonarista - um aspecto que a empresa considerou "extremamente prejudicial" para sua imagem perante o público.

Emaranhado de conexões

Iniciada em Porto Alegre por Filipe Valerim, Henrique Viana e Lucas Ferrugem, em 2016, a Brasil Paralelo alcançou maior notoriedade após sua participação no Fórum da Liberdade, um renomado evento liberal, em 2017.

"A produtora emergiu no cenário político durante o controverso episódio de 2016, adquirindo popularidade entre os conservadores.

Olavo de Carvalho é visto como seu 'padrinho' intelectual, e a produtora tem estabelecido conexões com outras organizações da nova direita", quem disse isso foi a historiadora Mayara Balestro, uma das notificadas. Balestro estudou a evolução da produtora desde seus primórdios e defendeu, no final de agosto, a dissertação "Agenda conservadora, ultraliberalismo e 'guerra cultural': Brasil Paralelo e a hegemonia das direitas no Brasil contemporâneo (2016-2020)".

Em sua pesquisa, a acadêmica mapeou uma intrincada rede de relações entre a produtora gaúcha e instituições como os institutos Borborema, Liberal, Milenium e Mises Brasil, com os quais compartilha um alinhamento ideológico: uma agenda conservadora e ultraliberal, caracterizada pela defesa do livre mercado, da iniciativa privada e de uma retórica meritocrática.

De acordo com um estudo elaborado pela pesquisadora Mayara Balestro, além de convidados esporádicos, existe um grupo fundamental de intelectuais que têm uma presença mais constante nas produções da Brasil Paralelo.

A pesquisadora destacou um conjunto de personalidades que frequentemente aparecem nas produções da Brasil Paralelo ao longo do tempo. Entre eles, figuram nomes como Olavo de Carvalho, o deputado Luiz Philippe de Orleans e Bragança, do PSL paulista, Helio Beltrão, ligado ao Instituto Millenium e Mises Brasil, Flavio Morgenstern, blogueiro bolsonarista do Senso Incomum, e Leandro Ruschel, da Liberta Global, uma empresa voltada para a educação financeira. Jair e Eduardo Bolsonaro, além de figuras como o colunista da Folha, Leandro Narloch, e o apresentador da BandNews FM, Felipe Moura Brasil, também foram mencionados como convidados.

Uma notificação dirigida a Balestro insiste na tese da imparcialidade da produtora e procura afastá-la de figuras como Olavo de Carvalho, Bolsonaro e afins. Segundo ela, esta é a tática padrão utilizada por eles: uma estratégia que busca se posicionar como "apolíticos", apesar de estarem inseridos em um contexto político e seguirem uma agenda conservadora dentro de uma lógica neoliberal.

Os primeiros referenciais da produtora, segundo Henrique Viana, um dos fundadores, foram Mises e Olavo de Carvalho. Ele revelou essa informação durante uma entrevista à revista digital Esmeril realizada no "novíssimo quartel-general da Brasil Paralelo" na cidade de São Paulo, em janeiro de 2020.

"Nós aprendemos muito com os intelectuais do Instituto Mises Brasil para sair um pouco da 'matrix'. Outra fonte primordial foi o COF [Curso Online de Filosofia] e os vídeos de Olavo de Carvalho no YouTube. Sempre mantivemos essa referência dupla, conservadora e liberal. Até hoje, quando nos perguntam... o que vocês são? São olavistas? Nossa resposta é sempre a mesma: somos estudantes."

Apesar disso, Olavo de Carvalho, que participou de produções como a série "Brasil: a última cruzada", de 2017, e o documentário "1964: o Brasil entre armas e livros", de 2019, foi precisamente quem influenciou a Brasil Paralelo a não perder de vista "a questão da militância", recorda Balestro.

Em uma discussão sobre jornalismo e liberdade em 2017, na Câmara de São Paulo, disponível no Parlatório Livre, no YouTube, Viana explicitou o objetivo da produtora: "ser popular, ser interessante, resgatar mitos antigos". Ele também sugeriu que o que mais sustenta atualmente a cultura judaico-cristã seria a produção audiovisual, "Hollywood", com seus "superconservadores, família, o herói, o virtuoso". Segundo Viana, a Brasil Paralelo surgiu "quase como um movimento", mas preferiu se estruturar juridicamente como uma empresa e, enquanto definiam o modelo de negócios, tiveram uma conversa decisiva com "o professor Olavo".

"No final das contas, optamos por um modelo bastante tradicional de venda de produtos, vendemos a extensão para que as pessoas possam assistir ao conteúdo extra. Então tivemos uma conversa com o professor Olavo. Estávamos indo 'totalmente' para a venda de produtos e ele disse: 'não, não, não, [espere] um momento; é crucial que vocês não esqueçam a questão da militância, vocês estão desempenhando um papel importante para o país, um serviço para a causa; então, não esqueçam disso, as pessoas precisam ser militantes'. Então, pensamos, ok, essas pessoas serão fundadoras do Brasil Paralelo", disse o sócio.

Em uma declaração ao Intercept, a Brasil Paralelo disse que é "impossível listar um ou dois [autores] como principais referências". "A empresa não se limita à opinião de Olavo de Carvalho ou de qualquer outro autor. Da mesma forma, não os excluímos do debate público", afirmou, por meio de sua assessoria de imprensa.

A Brasil Paralelo, até novembro de 2021, tinha um capital social registrado de R$ 29.667. A produtora foi fundada por três ex-estudantes da Escola Superior de Propaganda e Marketing (ESPM) em uma sala improvisada de aproximadamente seis metros quadrados, equipada com duas câmeras Canon T5I e com investimento inicial proveniente de dinheiro emprestado a juros, conforme descrito pelo sócio-fundador Filipe Valerim em julho de 2018 ao Boletim da Liberdade.

Autodefinida como produtora de filmes e cursos que abordam tópicos como política, história e atualidades, a empresa se propõe a "resgatar os bons valores, ideias e sentimentos no coração de todos os brasileiros". A Brasil Paralelo opera segundo um modelo de negócios "freemium", no qual alguns conteúdos são oferecidos gratuitamente e outros são exclusivos para assinantes. Através deste modelo, a empresa conseguiu atrair uma audiência alinhada a seus valores - verdade, liberdade, arte e "ambição" – e, assim, passou a faturar milhões.

Eles estão ativos no YouTube desde julho de 2016, onde disponibilizam vídeos gratuitamente e têm mais de 2 milhões de inscritos. No Facebook, gastaram mais de R$ 3 milhões em propaganda política e possuem aproximadamente 685 mil seguidores. No Telegram, até fevereiro de 2021, tinham 80 mil inscritos, sendo o segundo maior canal bolsonarista do aplicativo, atrás apenas do Terça Livre, de acordo com a agência Aos Fatos.

Em 2021 a produtora já tinha 250 mil assinantes, conforme informações do site oficial. A categoria de "membro fundador" foi uma das primeiras opções para apoiadores do projeto, totalizando entre 10 a 12 mil pessoas, segundo estimativa de Viana ao podcast Café Brasil. Existem diferentes opções de assinatura, desde a mais básica até uma premium, que oferece acesso total aos conteúdos produzidos. Entre 2019 e 2020, o número de assinantes explodiu. Foi de 12,3 mil para 186,2 mil, e o faturamento, de R$ 6,5 milhões para R$ 29,9 milhões, um aumento de 335%, descontada a inflação, conforme reportou a Folha de São Paulo.

A empresa insiste que não recebe nenhum tipo de investimento público e já declarou que não monetiza vídeos no YouTube. Entretanto, conforme reportou a revista Piauí, há indícios de que a empresa tenha recebido investimentos privados.

Empresários como Jorge Gerdau, da produtora de aço Gerdau, Pedro Englert, sócio da startup StartSe, e Roberto Dagnoni, sócio da Mercado Bitcoin, integrariam um conselho da empresa, mantendo uma participação "simbólica" no capital da produtora.

A Brasil Paralelo foi mencionada no relatório da CPI da Pandemia como parte do núcleo de produção de fake news, tendo sido alvo de um pedido de quebra de sigilo que acabou misteriosamente arquivado. Questionada, a Brasil Paralelo afirma que não tem investidores. "Os atuais acionistas são os três sócios fundadores.

Pisando fundo

No ano de 2019, a produtora fez uso de salas da Cinemark localizadas em importantes cidades brasileiras como Brasília, Rio de Janeiro e São Paulo para o lançamento de "1964: o Brasil entre armas e livros". Este filme ousou questionar uma historiografia há longo tempo fundamentada em documentos e testemunhos, argumentando que o golpe de 1964 pode ter sido uma necessária reação a uma presumida ameaça comunista e diminuiu a importância da repressão estatal durante esse período.

O documentário "1964" alcançou impressionantes 9 milhões de visualizações apenas na plataforma YouTube.

Cada vez mais passara a ter cuidado com a maneira que eram retratados na imprensa, universidades e na Wikipédia. O objetivo prevalente era se distanciar de Olavo de Carvalho e da família Bolsonaro.

"Optamos por redobrar a aposta, reinvestimos, ampliamos nossa equipe e reduzimos o prazo de produção de seis meses para 45 dias. Produzimos dezenas de documentários apenas em 2020. Nosso número de assinantes saltou de 13 mil para 200 mil membros", declarou, ao anunciar, com orgulho, a "Nova" Brasil Paralelo, uma produtora renovada com uma programação diária, um aplicativo para TV e o serviço de streaming BP Select.

Dando início a um novo capítulo, a produtora fechou contrato com a Sony Pictures, garantiu um espaço na TV Jovem Pan News e firmou parceria com o G10 Favelas para oferecer 500 bolsas de estudo para moradores das maiores favelas do país – uma colaboração que "une propósitos e desperta esperança", nas palavras do empresário Gabriel Kanner, ao anunciá-la com entusiasmo na Folha.

Kanner, que também foi um entusiasta do governo Jair Bolsonaro, ocupa a presidência do Instituto Brasil 200 e é herdeiro da Riachuelo.

Uma renovação pós-Bolsonaro

Parece que avançar para o próximo capítulo envolveu um afastamento deliberado de velhos parceiros. De acordo com informações de 2023, a Brasil Paralelo estaria buscando a agência de publicidade Powerhouse para remodelar sua identidade.

Em 2020, @fmdonadel visitou o fórum de discussões da página "Brasil Paralelo" na enciclopédia online e solicitou mudanças, argumentando que as "informações atualmente postadas são falsas e foram redigidas para manchar a reputação da empresa". De acordo com o post, que foi confirmado pela produtora na época para um artigo do UOL, a companhia seria "absolutamente independente, apartidária, sem viés ideológico".

Enquanto busca se firmar como uma "Netflix de direita" e se dissociar do olavismo e do bolsonarismo, a produtora vem notificando seus críticos numa aparente tentativa de se proteger de associações agora inconvenientes, inclusive por meio de processos judiciais. Em relação à Wikimedia Foundation, sediada em Los Angeles, a produtora solicitou compensação por danos morais em outubro de 2020; contra a Folha, Editora 247 e Editora Globo, reivindica direito de resposta - nos documentos existem trechos idênticos aos das cartas enviadas aos historiadores.

O acadêmico Diego Martins Dória Paulo, doutorando em história na Universidade Federal Fluminense (UFF), destaca que o bolsonarismo é apenas uma faceta da extrema direita nacional, mas não a única. Seu interesse se estende a outras manifestações, como a Brasil Paralelo. Diego também foi alvo de um pedido de direito de resposta após a publicação de um artigo em maio de 2020 na edição digital de *Le Monde Diplomatique Brasil*.

Ele analisa que a estratégia da empresa Brasil Paralelo de emitir notificações representa a rejeição das críticas acadêmicas e a proposta de oferecer uma visão alternativa. Nas produções da empresa, Diego observa uma constante insinuação ou mesmo afirmações diretas de que historiadores estariam manipulando a narrativa nacional para fins políticos. Segundo essa perspectiva, tanto historiadores quanto jornalistas estariam atuando de maneira desonesta.

A empresa lançou um vídeo no YouTube, referindo-se a métricas como likes como viés de confirmação do que propaga. Além disso diz contar com "especialistas", incluindo figuras como Flavio Morgenstern, Rodrigo Constantino e Olavo, que ainda vivia quando o vídeo foi lançado.

A postura da Brasil Paralelo contra a mídia e universidades é uma ação consciente, evidenciada por suas próprias palavras. Afinal o próprio Valerim delineia a missão da produtora como um contraponto à grande mídia e às instituições acadêmicas: "Nosso crescimento virou uma missão. Precisamos ter a capacidade de competir com a grande mídia, com os produtores de cinema e com as universidades. Essa é a reforma cultural que vai nos tirar do redemoinho que nos encontramos há anos." A similaridade com a "guerra cultural" promovida por Olavo é considerada coincidência.

Os propósitos ideológicos da Brasil Paralelo são, como vimos incontestes. E, mesmo que isto não sustente por inteiro o conceito de lawfare, tem com ele estreita afinidade e finalidade. Tive a "honra" de receber notificações extrajudiciais da Brasil Paralelo em outubro e dezembro de 2020 e, após recusar-se a emitir uma retratação, tornei-me alvo de um processo judicial em fevereiro de 2021. A produtora exige de mim R$ 20 mil em indenização por danos morais. E sigo aguardando o desdobramento deste processo, da forma com que eles mesmos me informaram.

Em minha trajetória, ostento a distinção de ser o primeiro na esfera digital a confrontar tecnicamente as inúmeras incoerências, falsidades e distorções presentes nos chamados "documentários" dessa empresa. Quando da estreia de seu primeiro projeto, o material foi apresentado ao público sob o rótulo de um "Seminário de História", conforme eles mesmos batizaram. Esse título, já em si, demonstra uma tentativa de agregar um verniz de academicismo e rigor a um conteúdo que, como argumento, carece dessas qualidades.

No vídeo que produzi, minha crítica focava em algo fundamental para qualquer empreitada que se diz acadêmica em relação à história: a aplicação rigorosa do método historiográfico.

O primeiro trabalho lançado ao público pelo Brasil Paralelo estava claramente enraizado em uma abordagem revisionista. Importa sublinhar que o revisionismo, por si só, não é negativo. Quando respaldado por métodos historiográficos robustos, ele pode de fato enriquecer e refinar o entendimento científico sobre eventos, figuras e períodos históricos.

Entretanto, o projeto em questão destoava significativamente dessa abordagem mais séria e metódica. Longe de ser uma tentativa de aprimorar o conhecimento histórico, ele parecia mais empenhado em distorcer ou reinterpretar eventos de acordo com uma narrativa pré-concebida, o que é totalmente diferente de uma revisão fundamentada em evidências e análise crítica.

A alegação do Brasil Paralelo sobre a origem do Brasil vinculada aos Templários em busca do paraíso é uma clara desvirtuação das teorias históricas amplamente aceitas. Tradicionalmente, entende-se que a descoberta do Brasil está enraizada na expansão marítima europeia, uma complexa teia de interesses que inclui a busca por novas rotas comerciais, a extração de recursos naturais e, sim, também impulsionada por fatores religiosos e culturais. No entanto, a ideia de que os Templários, uma ordem militar religiosa da Idade Média, teriam sido os arquitetos dessa descoberta em uma missão espiritual para encontrar o paraíso, carece de embasamento histórico confiável. Embora os Templários sejam reconhecidos por sua presença e atividades durante as Cruzadas na Europa medieval, é importante frisar que não existem evidências históricas que os identifiquem como navegadores transcontinentais. Suas operações, predominantemente terrestres, tinham um alcance geográfico delimitado, concentrando-se majoritariamente na Europa e no Oriente Médio, sem registros que indiquem incursões marítimas até outros continentes.

Ao longo de sua trajetória, o Brasil Paralelo estabeleceu um padrão recorrente, semelhante ao observado no primeiro "Seminário de

História" que produziram. Não obstante ao que consta eu ter sido o primeiro, não fui o único a desafiar sua narrativa; diversos outros canais, reportagens e escritos de autores e comunicadores diferentes também apontaram inconsistências e falhas nos conteúdos veiculados pela empresa. Curiosamente, muitos desses críticos acabaram sendo alvos de ações judiciais similares às que enfrentei.

Sim, estes grupos associados à direita ou à extrema direita, que são sempre os primeiros a falar sobre liberdade de expressão, quando veem alguém colocando uma visão contrária, efetivamente exercendo a liberdade de expressão, eles avançam com assédio judicial.

A Brasil Paralelo produz e vende um produto, mas proíbe o consumidor de criticar, só permite o elogio?

Um exemplo emblemático: Ingmar Bergman, cineasta sueco de renome internacional, embora fosse frequentemente alvo de críticos que faziam carreira escrutinando meticulosamente cada aspecto de sua obra que poderiam apresentar de forma negativa, jamais recorreu ao sistema judicial para silenciá-los. Em um episódio pessoal, chegou a agredir um crítico com sua bengala, mas jamais empreendeu ações legais contra seus detratores. Ele compreendia que a exposição pública de sua arte inevitavelmente a sujeitava ao escrutínio e à crítica. Trata-se de uma relação intrínseca, por suposto.

Agora, no caso em específico da Brasil Paralelo, se dizemos falsamente que algo que ela diz é inverídico ou não histórico, seria justo que ela usasse o sistema de justiça para repor a verdade. Mas, neste caso, o processo tem que ter conteúdo, tem de dizer algo concreto sobre o qual possamos produzir provas. Mas ela processa, e às vezes ganha, processando pela crítica abstrata.

Ora, o que vale é o reconhecido pela ciência. Suponhamos que alguém resolva tratar câncer com chá de boldo, porque entende que essa é uma boa maneira de tratá-lo, desconsiderando o conhecimento científico que propõe métodos eficazes. É claro que isso seria passível de processo por charlatanismo. Até porque a contrainformação e o revisionismo põem não apenas um indivíduo em risco, mas toda uma sociedade, e precisa ser tratado com seriedade.

Infelizmente, parte de nosso judiciário foi contaminado pelo lavajatismo, assim como parte de nossas forças armadas pelo bolsonarismo (vide general de quatro estrelas vendendo relógio desviado do patrimônio público, e o golpismo professado por parte da corporação) mas a sociedade conseguiu reagir recobrando a democracia.

Lutar contra organizações estruturadas para criar brasis e realidades paralelas é fulcral para a cristalização do processo democrático, e pela luta contra a criação das condições para instauração de processos de lawfare.

pólen bold 90 gr/m2
tipologia garamond
impresso na primavera de 2023

LA
WF
ARE